臺灣產業
個案論文集(二)

國立臺灣科技大學教學資源中心◎主編

國立臺灣科技大學
NATIONAL TAIWAN UNIVERSITY OF SCIENCE AND TECHNOLOGY

序

　　台科大為我國第一所技術職業教育高等學府，以發展「國際化應用研究型大學」為願景，致力於培育具宏觀視野、專業素養及社會關懷的高科技管理人才。創校四十餘年來辛勤耕耘的成果，使本校成為全台唯一同時榮獲教育部「邁向頂尖大學計畫」與「發展典範科技大學計畫」之大學，近年來更在許多知名的國際排名及競賽上獲得很好的聲譽。

　　個案教學的特色，為教師透過教學設計，在課堂上一步步引導學習者進入案例情境，並藉由腦力激盪及同儕討論等方式，讓學習者思考與分析個案角色所遭遇的問題，以培養其未來在實務上遇到相同或類似問題時的解決能力。

　　本校管理學院於 2006 年設立「產學個案研究中心」，作為管理學院推動個案教學的專責單位，負責鼓勵教師開發個案教材、以個案進行授課、鼓勵學生撰寫個案論文及辦理個案論文競賽等。此外，目前已有超過半數的管理學院教師至美國哈佛大學商學院參加「以參與者為中心的個案教學法」研習，多年來的努力已為個案教學奠定穩定之基礎。

　　為讓各學院均能有適當的個案教材進行教學，本校在 2015 年出版了第一集的「臺灣產業個案論文集」，內容除了管理學院的個案外，還收錄了來自工程與設計學院的個案。本年度更將收錄內容擴大至其他學院，其中半數以上的個案來自設計、智慧財產、應用科技等學院。本年度的產業個案論文集主題涵蓋了：衝突管理與組織變革、作業與品質管理、工業安全管理、創新與創業、設計商品化以及直接銷售模式等，期能將個案教學推廣至校內各學院甚至是國內的其他大專院校，以培育更具全球競爭力的實務管理人才。

國立臺灣科技大學校長

廖慶榮　謹識

目　次

透過個案深化學習-個案教學的課前準備與執行

葉穎蓉[1]

前言

　　有別於傳統講授式的教學方法，個案教學法 (case method) 在專業技能 (professional skills) 的訓練中，一直被視為是最好的方法之一。分別應用在法學、醫學、與商學教育等專業領域中。這個教學法，透過實際案例，提供教師與學生模擬實際情境的機會。藉由進入個案中的角色，學習釐清問題、應用相關資訊做為決策依據。在不斷的演練下，提昇學習者在面對複雜及模糊的情境中問題解決的能力。這種教學法的理念是，「經驗」就是最好的老師。而「個案」，就是在豐富學習者的經驗庫。2005 年教育部成立「個案教學推動小組」，選派三所學校(臺科大、臺大、政大)數十位教授前往哈佛商學院研習「以參與者為中心的個案教學法」 (Program on Case Method and Participant-Centered Learning)。成為國內個案教學的開端。個案教學法，主要分為兩部分：個案教學以及個案寫作。關於後者(個案寫作)，可以參見吳仁和教授(2010)所撰寫的「教學個案寫作方法與應用」。在 2015 年出版的臺灣產業個案論文集中，周子銓教授也對於個案寫作有深入的解析。基於推廣個案教學法於專業教育中，本文著眼於前者(個案教學)，將哈佛管理學院的個案教學法、自身經驗、以及學者們的建議整合於此文中。因為篇幅有限，在此先介紹教學者的角色，也就是「如何教」。未來如有機會，另撰文說明學習者的角色。

壹、啟動個案學習的氛圍

　　自 2005 年起，臺科大為提升管理教育的成效，每年陸續選派教授至哈佛商學院接受個案教學法的訓練。截至此時(2016)，臺科大管理學院已有超過半數的教師曾經到哈佛大學接受個案教學法的訓練。在研習的過程中，除了瞭解個案教學的源起、內涵，並透過實際參與(坐在台下當學生)，來領略此教學法。研習的另一部份，則是學習撰寫產業個案。參與過這個研習活動的教師們，對於此教學方法都有高度的評價。

---

[1] 國立臺灣科技大學企業管理系副教授兼管理學院副院長與 MBA 學程執行長。

因為認同這個教學方法,這十多年來,臺科大管理學院在軟硬體上,投注了不少有形、無形的資源。漸進式的將個案教學方法落實在管理教育中。在硬體設備上,參照哈佛大學的設計,改造出數間大小不一的階梯式教室(見圖1)、小組討論室、並提供方便書寫的黑板、可以擺放學生名牌的架子等。在管理學院的角落中,擺設桌椅,提升學生討論的機會等。

圖 1　個案教室

　　不過,硬體的設備建置容易,軟體中最重要的「人」,就需要更大的誘因以及策略性的規劃了。這是要長期的投注才能建立起來的氛圍。例如,策略上,我們先從 EMBA 的教學開始。這是一群具備豐富實戰經驗的學生。對於產業個案中所描述的情境,很容易同理。這些學生的專業背景很多元,更能激發出不同的觀點,深化思考層次。透過個案,學習批判性思維、與邏輯分析的能力,進而提升問題解決的能力。有別於傳統式一對多的講授方法,個案教學法帶給 EMBA 同學們的啟發,也讓他們體驗到與過往不同的學習經驗。對於教師來說,因為 EMBA 學生參與度高、表達能力較佳,課程的收穫自然豐厚。回饋到老師身上,會產生教學的動力。如果說,個案教學法是一種教學方法的變革,這一群人,就是很好

的變革代理人，變革的成功度會高一些。有了好的口碑，就能啟動正向的循環。

　　除了好口碑，還需要一些方法能提升學生們修課的誘因。個案教學法，要求學生們要能夠事前閱讀個案。在討論過程中，必須能夠勇於發言、且必須能容忍提出的意見被同學否定、老師質疑。再加上早期多數的個案是採用哈佛、或是 Ivey 出版的英文個案，因此，課程壓力不小。為了要讓學生們都有個案教學的體驗，管理學院每一個系所的 EMBA 都被要求要開一門個案的課程，且學生們的畢業要求之一，就是要修過至少一門以個案法來教學的課程。學生有多元領域的個案課程來選修，又能獲得學分。而老師們如果開授個案的課程，又能獲得些許的獎助。有了看得到的具體誘因，加上看不到的軟性收穫，個案課程慢慢在管理學院紮根。也從 EMBA 的課程中，慢慢散播到碩士班。在部分的大學部課程中也開始選擇幾個適用的個案來教學。周子銓教授(2015)對於臺科大管理學院的個案教學歷程，也有詳盡的描述。

貳、如何使用個案於教學中

一、課前準備

(一)個案選擇需考量課程主題及閱讀者的能力

　　教師在個案法的教學中，課前所做的準備如同傳統式的講授法一般，需訂定出學習目標、涵蓋的主題、選用的個案、參考文章。影片、演講、演練(exercise)等也可以納入一學期的課程規劃中，並在課程大綱中明列出來。個案的選擇，除了要與課程主軸相關，也要考量學生們的程度，例如，語言、文化背景、對專業的熟悉度等。在台灣使用國外的個案，對一些學生來說，會有語言理解上的障礙。閱讀、準備的時間會較長。若有此情況，個案的長度、語言，也會是我納入考量的依據。自己個人的經驗是，每週選擇的個案長度、中英文個案可以交錯安排。讓學生有足夠的時間準備。以商業管理類的個案來說，中文的個案，可以從光華管理個案收錄庫、中山管理評論出版的管理個案專刊，以及本校編輯的臺灣產業個案論文集取得。英文的個案，在台灣可以透過國立政治大學商管學院參與式教學及研究發展辦公室(PERDO)付費取得哈佛商學院出版，以及 IVEY 出版的個案。

　　個案篇幅，也就是頁數長短的選擇，則有學者持不同看法。哈佛學者 Corey 點出，撰寫個案的人，總是會捨不得把他好不容易收集到來的資訊放入個案中。以致於個案越寫越長。然而，Corey 就認為，一個五頁的個案，也能夠有豐富的討

論。文章越長，如果遇上學生沒有時間準備，或是英文閱讀上的困難，學生們會因為無法投入個案，在學習上，也多少打了折扣。還好，現在哈佛出版的商業個案還會開發短個案(上面會標註 brief case)，或是將早年原本的長個案，縮短成較簡潔的個案(如上面標註 abridged)。因為語言的障礙，開發以中文為撰寫依據的本土產業個案也越來越受到鼓勵，例如本書的出刊。我個人的經驗是，短的個案，提供的線索較少，可能會忽略掉可以思考的方向。而長的個案，對於經驗較不足夠的學生，也可以藉此培養他們分析、判別訊息重要性的能力。因此，長短個案各有其優缺點。

(二)提供課前討論的問題

以哈佛的個案式教學法來說，考試、作業、分組上台報告，都非必要。然而課前的準備，是學習很重要的一部份。引導學生課前準備，很好的方式就是透過提供 4～6 個關於這個個案的問題，引導學生進入個案分析。學生們也可以在課前與同學們討論。也有一些老師，會請學生們將自己的想法依據這些問題整理出來，當成是作業。發展個案時，通常也會要求作者要準備一份教學指引，教學指引中，多半都會提供問題討論。在教學上，這可以是很好的參考依據。但是，老師們也可以按照自己的教育理念，修正這些問題。有些老師喜歡提供大範圍的問題，讓學生們自己去尋找線索。例如，星巴克在美國崛起的經濟、文化因素為何？有些則喜歡直接問學生解決方法為何、後續的影響是什麼；或者是選擇了 A 方案，如何解決伴隨來的問題。例如，星巴克罐裝咖啡進入市場對品牌形象的影響。有些教學者認為，這不一定是必要的。學生們自己找出問題，也是很好的學習。

我個人則是會提供學生問題，也會自己再準備一些問題於課堂帶領時使用。這兩組題目不盡然需要相同。給學生的問題在於指引方向、方便學生事前準備。也會要求學生們事先分組討論，然後再到大教室全體一起討論。分組討論的優點是，讓學生們先釐清是否有誤解個案之處、測試一下自己的想法。目的並非是要達到小組共識，或是將答案拿到課堂來做分組報告。

(三)事先規劃主題的連貫性

為了讓課堂討論能更豐富，不致遺漏重要的主題，老師們可以事先列出討論的流程，事先將所欲涵蓋的學習目標、及其討論的先後順序先規劃好。如此，才能在主題轉換間，更為流暢。有些個案的教學綱要上，會事先規劃好每一主題大約所需的討論時間。有些老師甚至會在黑板上列出來主題進行的順序及時間，一

方面提醒自己，一方面讓學生們知道進行到哪一個階段。

(四)了解參與者

　　個案教學要能發揮效果，最重要的，其實就是參與者，也就是學生。在課前，老師最好能對於學生過去的學術背景、工作經驗有些瞭解。這可以成為老師上課時的利器。這幾年，台灣校園中，外籍學生人數增加不少。外籍學生來自何處(國籍、地區)、來台目的(交換生、學位生)、是否有個案學習的經驗都會是我事先調查的重點。很多人以為個案教學，老師很輕鬆，不需要做什麼準備。其實，每一次上課，因為學生的背景不同，就算是同一個個案教了好多次，每一次上課，還是備受挑戰。因為學生不同，而學生就是個案教學的主體，課程進行動態沒有一次是一模一樣的。我在接受哈佛個案受訓時，資深哈佛教授 Paul Marshall 特別分享，上課前，他一定要做的事，就是把學生資料再拿出來，熟悉學生們的背景，就彷如熟悉教材一樣。

二、課前帶領

(一)利用版書記錄過程

　　課程進行中，版書是很重要的一個部分。大型黑板(手動區塊黑板或是電動黑板)是必要的。老師們通常會將學生們的回答、以條列式、或是關鍵字的方式寫下。寫下這些回答，並不是要學生背起來。而是以簡潔的方式將討論過程記錄下來。在討論到下一個主題，若與前面的討論相呼應，這時候，版書的文字就能提醒學生們，是否需要在決策時將這些訊息納入考量。哈佛商業個案的教學指引中，也鼓勵作者能提供版書的版面配置。讓教學者能對於所討論的主題，該如何呈現，有一個參考依據。但並非所有的個案，都會提供版書配置。況且，學生們在討論過程中，是否會激發不同的想法，推導出不同的結論，都是應該被允許的。教學者在這一點上，也必須容忍其不確定性。特別是一些出乎意料的回答，有可能是討論方向的轉折。將之記錄下來，也能有利後續的回顧。

(二)請準備很多問句

　　做了上述這麼多的準備，其實最重要的是為了要創造一個可以讓學生們勇於分享的氣氛。老師可以問問題，讓同學們舉手回答。老師除了是主題的引導者、也是秩序的維護者，當然，有一些火花是可以被容許的，只要不涉及人身攻擊或

是偏離主題太遠。例如，在探討產品開發時，詢問工程背景的人，與詢問業務背景的人，可能會有完全不同的看法。這時候可以利用看法的歧異，訓練學生為自己的看法辯護，同時，也訓練學生聆聽、尊重不同的意見。在反覆的思辯後，能深化思考的深度。

　　此外，除了同學們自願舉手發言外，老師也可以點名某位學生，發表他的看法。這樣的作法，有不少好處。一來，可以讓學生們更專注在討論上，以防老師臨時的指定回答(cold call)；二來，老師也可以藉此邀請特定領域的學生，分享他的看法。或是老師認為某些人可能不認同前一位學生的看法，而邀請他表達出來。當然，指定回答也能夠給予一些天性較害羞的學生表達意見的機會。避免課程被少數幾位敢於發言的學生主導。不說話的人並不代表沒有意見。老師們可以用鼓勵來代替忽視。有些學生在幾次的鼓舞下，在表達上越來越有自信。這當然也是個案教學的收穫。

(三)回顧過程來作為總結

　　個案討論接近結束時，教學者可以做個總結。將討論過的議題點出，曾經有過的辯論是如何發展下來、而這些討論是如何相關連的等等。投影片不是必須。理論依據也非必要。但是，如果有相關的理論、文獻，或是這個個案有後續的發展，也可以提出來給予學生參考。或許是我對於臺灣學生的刻板印象，亦或是自身學習經驗的投射，我多半會在課程最後，放兩、三張投影片作為總結。總覺得這樣的作法比較「看得到」。然而，還是堅持，沒有標準答案、沒有「我」，也就是「教學者」的答案。

(四)正向迎接多元文化

　　台灣校園越來越多外籍學生，他們對於台灣本土個案，也非常感興趣。想透過個案的研讀，來了解台灣企業經營的問題。因此，台灣產業個案的發展，有其必要性。將這些個案翻譯成英文，亦是一個未來努力的方向。此外，以我在管理學院採英文教學管理個案的經驗，學生來自多元文化，大約會有三分之一的台灣學生、三分之一來自亞洲地區的外籍學生、三分之一來自歐洲地區的交換學生。在管理教育上，教師採用個案教學，透過主題式的引導，學生們因為自身過去文化、教育的養成不同，常能激發多元的看法，互相學習。當然，這對於老師來說，也是很大的挑戰。要避免每一個學生的言論，成為我們對於那一個文化/國家的刻板印象。建議這時候，引導學生表達他決策的理由、以解決個案問題為導向，並

與預先設定的課程主題連結。例如在一個探討跨文化刻板印象對於協商的討論中(Brett & Gelfand, 2005)，談到亞洲人傾向用委婉的方式，來表達對於採購商品的疑慮。當學生們能充分表達其決策的依據時，會發現，「人際和諧」v.s.「效率」、與供應商「長期」v.s.「短期」的伙伴關係，都會在大家的決策考量中，只是比重不同。又如，談到華人社會中的「紅包」文化。「紅包」是祝福、還是收賄，又如何影響人員的聘任？儘管來自同一個國家的學生，看法也可能不一樣。這些歧異，都能產生很有趣的答辯。透過討論，除了了解跨文化可能帶來的影響，且也學習尊重每一個個體可能有的差異。

三、學習成果評量

由於學習的主體是在課堂參與，因此，學生們是否能積極的參與討論，就是最重要的評量依據。有些教師會同時考量發言次數(請助教登記發言次數)，以及發言品質。所謂發言品質指的是此學生的發言，是否(1)能引發進一步的討論，亦或是(2)能說明自己的推論過程並適時的辯護、(3)思考的廣度、及深度等。少數教師亦會使用個案分析報告來評量學生。此時，教師們可以從以下幾個層面來評估(參考 Haywood-Farmer, 2008)：

(一)是否能判斷出個案問題、依重要性排序出待解決事項
(二)是否能利用個案提供的資訊來協助判斷問題、形成決策
(三)是否能提出且評估替代方案
(四)是否能提出最後決策的行動方案，並提供具說服力的理由，且能預期可能的後果

參、結論

在此，想藉司徒達賢教授(2007)的話提醒教學者，個案教學不是讓學生聊天練口才，不是讓學生分組簡報、也非分組辯論。個案教學的精髓在於藉由參與個案情境，讓學生學習思考、分析、判斷、與模擬決策的風險。學習的重點不在於獲得標準答案，而在於達到決策的過程。因為，面對瞬息萬變的商業環境，成功的經驗很難複製。若能透過多元的角度解析複雜的問題，強化自身的邏輯分析及解決問題能力，會是提升專業能力的開始。

以上，僅以個人在管理學院教學的經驗，從「教學者」的角度，說明個案教

學的事前準備、課程帶領、以及課後評量等(見表 1 個案教學流程檢核表)。期盼
未來能與不同領域的教學者在個案教學方法上切磋琢磨。

表 1 個案教學流程檢核表

課前準備	課程帶領	學習成果評量
● 課程大綱 　✓ 訂定學習目標 　✓ 挑選適合個案	● 選擇適用的個案教室 　✓ 課前討論室 　✓ 個案教室	● 課程參與程度 　✓ 課堂發言次數 　✓ 發言內容品質
● 學習者 　✓ 學經歷背景 　✓ 閱讀程度 　✓ 個案學習的經驗	● 利用版書記錄過程 　✓ 配合主題連貫性 　✓ 記錄討論過程的轉折處	● 個案分析報告(視教師決定) 　✓ 找出個案問題、優先解決事項 　✓ 選擇適當的資訊來形成決策並評估替代方案 　✓ 提出行動方案及預期的結果
● 教學提要(teaching note) 　✓ 確認學習目標 　✓ 提供學生課前討論題目 　✓ 準備課堂中討論的題目 　✓ 規劃主題連貫性 　✓ 分配討論時間 　✓ 規劃版書位置 　✓ 提供可能的參考文獻	● 課程總結 　✓ 回顧討論過程以及發現 　✓ 提供事前準備的參考文獻、個案資料、或投影片	

肆、參考文獻

1. 吳仁和(2010)：教學個案寫作方法與應用。台北：前程文化事業有限公司。

2. 周子銓(2015)：推動個案教學與產業個案開發。台灣產業個案論文集，第 1-11 頁。

3. 司徒達賢(2007)：個案教學常犯的 7 種錯誤。工商日報，經營知識 D 版，2007/12/13。

4. Brett, J., & Gelfand, M. (2005). Lessons from abroad – when culture affects negotiation style. Harvard Business Publication, product no. N0501B-PDF-ENG

5. Corey, R. (1998). Case method teaching. Harvard Business Publication, product no. 9-581-058

6. Haywood-Farmer (2008). An introductory note on the case method. Ivey Publishing, No. 908M85

自傲與轉型-以台灣代工廠與大陸白牌公司合作為例

林義貴[1]、郭明忠[2]

摘要

　　本個案描述英業達公司在因應產業市場的變化及由上而下的內部要求，必須要與設計總部以外的公司進行協同設計開發，而在公司所訂定的目標與設計團隊內部產生反對聲浪之間的處理歷程。

　　長久以來在 3C 產品都不論在原廠委託設計(ODM)或原廠委託製造(OEM)都以台灣為開發重心的狀況下，自設計、測試到生產上都有標準流程與各種品管報告文件，使產品轉換為商品銷售時都能夠保持在有一定出貨品質水準，這對全程參與的設計之人員不論在個人與群體上都有一種引以自傲的程度存在；但在產品別不斷推陳出新與出貨互有消長之情形下，品牌商開始要求台灣的 ODM／OEM 廠商必須與中國大陸的白牌商進行協同設計開發，公司內部由上而下的重點：

(一) 成本壓力：白牌商如何利用其供應鏈管理降低開發與生產成本。
(二) 品質管理：白牌商與以往設計團隊的品質要求差異。
(三) 單位裁併：在面對業績與利潤成長的壓力下，必須利用此一方案在平板電腦的市場中搶得品牌廠的訂單，以期達到業績修正之最低目標。

　　在完成以上的要求之前，設計主管必須面對一群長久有自傲並看不起白牌產品的設計人員，且因發現在流程上多有不足必須將流程給與強化，對這一些人員來說是一種強烈的衝擊。自初步開始的合作開始就多有拉鋸、不信任狀況與拒絕接案的狀況發生，站在身為一名主管的職責要如何利用組織變動讓專案繼續下去，是必須思考的問題來源並加速動作去解決。

關鍵詞：原廠委託設計、原廠委託製造、協同設計、品牌商、品質水準

---

[1] 國立臺灣科技大學工業管理系講座教授。
[2] 國立臺灣科技大學管理學院 EMBA。

壹、個案本文

一、個案公司與產業概況描述

　　2013 年 12 月 2 日在英業達(IEC)設計總部內擔任設計機構一部(ME1)開發主管的 David 收到了來自高階管理層的開會通知，一個讓 David 心裡覺得更奇怪的是在看完內容之後，發現是來自客戶端的一個特殊設計專案要求，而讓管理階層開啟了這一次的會議。

　　開發中心(BU)副總(VP)Pam 先開始說：「各位主管，這一次的會前會主要是在傳達客戶端的要求，主要是必須與華南白牌的廠商開始進行協同設計，尤其是在硬體方面要更緊密，主要原因是因為以往我們報出去的單價對比華南廠商的單價上都是比較偏高，但是根據與客戶端長久的合作關係上使我們在品質的掌控上卻是遠遠優於華南的廠商，再加上我們自己有專業的組裝與測試線，所以在客戶方面才會提出這樣的合作要求。」，專案業務管理處(PM)處長 Tom 補充說：「站在損益報表不佳的狀況下，這樣的方案是已經被老闆接受了，所以請各位回去之後要先與單位內的同仁們交待清楚這次的要求。」

　　擔任電子開發一部(EE1)的主管 Ben 提問說：「請問為什麼要這麼做？我們又不會比別人差，報價高低與否是你們業務跟採購的問題，大家都是配合你們跟 PM 在一起進行報價作業，接單不好跟設計團隊有什麼關係呢！」

　　負責的專案管理師(PM)Alex 說：「就已經跟你們說老闆們已經同意，也已經跟客戶都談好了，你們知道在華南開發機種時用的人數跟時間都比我們少，我們每次機種專案所需要的天數大多要 100 天以上，再加上參與專案設計開發的人數比華南開發商要多許多，總體上的費用當然都比別人高，我在前任公司於華南長駐的時候還算滿瞭解在深圳跟東莞的狀況，你們也可以利用這一次的機會瞭解對方的作法去修正自己單位目前的作法，不要一直的排斥！」

　　會議室內的 David 看到氣氛有些嚴肅狀況下另外提問：「這次的機會也許是一次對未來專案進行調整並降低成本的試驗，不過二方面的權責要如何區分這一定要先講清楚並定義下來，到底是合作還是變成我們在教育白牌商的人要講明白，不然一定一開始就會自亂陣腳，接下來我們幾個主管也還要回到單位內去協調人選，畢竟目前我們自己的人數是遇缺不補，而且客戶對我們的人選都是有要求一定的條件才可以擔當 Design leader 的。」另又再問說：「機構開發二部(ME2)的主管 Gary 目前因為身體狀況不佳等待開刀後續必須要化療，我先瞭解此次會議的目

的再去跟 Gary 電話討論一下。」

Pam 說道：「這次的對外報價也只有不到美金 80 元，客戶的終端售價是不會超過美金 100 元，已經可以打擊大陸本地有口碑的品牌了，總之需要大家的努力將此二個案子作好，後續才會可以更順利的接單；這個月 8 號 PM 與 Sales 要先派人過去華南洽談合作方向，除了剛才 David 所提的問題之外，請各單位要先選定人選報給 PM 單位以建立 Team roster。」

回到辦公室的 David 站在辦公桌後的電子板前拿著白板筆，心中正在思考著誰是最適合這一次開發專案的人選，畢竟首先要跟在醫院的 Gary 先透過電話詳談一下狀況，讓他自己心中先有一個藍圖並在之後考量是哪一些人比較適合，但對 David 來說，機構開發二部的人雖然現在不是在直接管理的狀態之下而只是代理，但是日後的兩部一起帶領卻是有可能發生的事情，客戶內部曾經私底下提醒過之前二部的互相對應與技術不佳問題，是否將一部與二部的人合併執行專案是其中一種想法，在一群沈浸在產業界都有超過 10 年設計年資是夠符合客戶定義的人以往都是比較帶有自負與自傲的氣息，要如何降低可能發生的反彈情緒讓專案能夠執行才是現階段的重點，因為小道消息已經四處亂竄，經過前一次發生的裁員風暴造成人人自危的意識又再度升高，私底下來詢問 David 的同仁已經有好幾位了！

在這一次會議召開的前 4 天，Pam 和 Tom 已有多次針對此次合作方案找 David 與 Ben 討論，對目前中國大陸的白牌平板的產業生態及市場做過評估討論，David 也針對若導入此一合作方案可能對內部人員產生的排斥反應給與提出建議，並對工作權責討論狀況不佳的狀況持續要求必須再度進行，畢竟對應客戶內部做最終承認的人是屬於 IEC 第一線的設計工程人員並不是合作商，對方的能力是能夠到達何種程度？會是一種助力或阻力暫時無法評估，但可以想見的是在雙方工作年資與年齡有差距的狀況下，究竟是任何一方講出來了算數或不算數？客戶端在日後問題的責任歸屬上是否有所偏袒？再加上若真的抽出部份機構一部的人去帶領機構二部的工程師的狀況下，對設計二部內那一些資深的 Design leader 們一定會抱持很多的意見。

(一)個案公司簡介

IEC 是一家自 1975 年以來，在台灣以 3C 產品 ODM、OEM & EMS 專業的公司，長期秉持「創新、品質、虛心、力行」的經營理念，從計算機、電話機起步，而後在筆記型電腦的專業代工上奠定紮實穩固的基礎。邁入二十一世紀，IEC 更邁入雲端運算、行動運算、無線通訊、網路應用、數位家庭、應用軟體與綠能環保

等多角化深耕。為因應市場變化與競爭，達成「最佳系統、軟體、服務公司」的企業使命，遵循「自主創新、綠能環保、雲端服務、無線寬頻、新興市場」五大策略方針，開創新局且不斷藉由投資未來，創造顧客的需求與服務，透過與顧客之策略聯盟，發掘新的應用產品需求，研發以需求為導向的產品，以延續企業競爭優勢、開拓新市場機會，目標成為提供雲端運算、伺服器及行動裝置最佳解決方案的標竿企業。

　　本著「人才為本、提昇毛利、投資未來」的策略方針，在台灣設有台北總部、桃園研發中心與雲端運算服務中心，分別負責筆記型電腦、消費性電子、行動通訊、無線整合產品與伺服器產品的研發和製造，而海外的生產基地則有上海虹橋廠、上海浦東廠、浙江嘉善廠、四川重慶廠、美國 Houston 廠、墨西哥 Juarez 廠、捷克 Brno 廠。從研發、設計、生產、到配送及技術支援，以顧客需求為導向、全球營運為第一考量，將整個集團及全球佈局的力量發揮到極致，從軟體到硬體、從台灣到全球，提供給客戶全方位解決方案的雄厚基礎。

　　然而歷經 2011 年因轉開發平板電腦不佳發生短期內大量裁員的事件後，讓集團內針對再接觸開發該系統的意願一直不高，卻又在營業額與產品項目必需增加的要求之下，必須採用合作開發的模式降低風險以再度進入此一市場。

(二)產業概況描述

　　2011 年位於深圳製造基地的廠商，憑藉著過往在電子閱讀器、小筆電所累積的技術聚落與製造經驗，紛紛轉投入平板市場，經過 2012 年的市場成長爆發至 2013 年成功的發展成足以與國際品牌廠商抗衡的競爭者。

　　國際一線品牌廠商在 2013 年也開始跨進低價平板市場，使得白牌平板在價格的優勢開始面臨挑戰，依 MIC 於 2014 年 5 月報告(圖 1)－在 2014 年低價平板電腦的帶動下將成長至 15.2%，品牌平價平板將降至 99 美元以下，在價格拉近的情形下，白牌平板電腦因此受到壓抑，而成熟市場將逐漸飽和，預估今年起整體成長將趨緩。

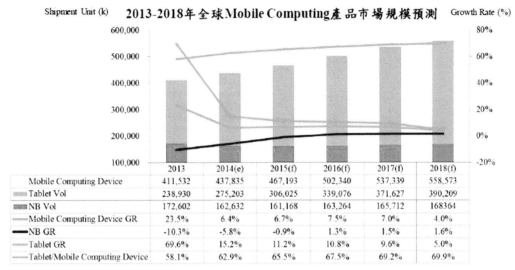

圖 1　全球 Tablet 品牌市占率變動表(資策會，2014)

　　IC 大廠 Intel 自 2013 年啟動的 CTE 計畫(China Technique Ecosystem)以深圳原白牌 Tablet 重鎮 IT 產業鏈為中心的技術生態聯盟，徹底宣告 Intel 將完全擁抱白牌廠商的時代已來臨，並將原以台灣為設計開發的業務重心將自台灣轉移到大陸深圳去，Intel 也宣布和中國晶片設計業者－瑞芯微電子(Rockchip)達成策略協議，將英特爾架構與通訊解決方案拓展至全球入門級 Android 平板電腦市場之中，以利佔有一席之地。

二、專案作業的展開

　　在會議之後，各設計單位主管皆要求 PM 必須根據合作方案的要求對內部的流程先行規劃及釐清與以往專案的不同點，PM 單位後續有發出前後流程圖不同點(圖 2)：

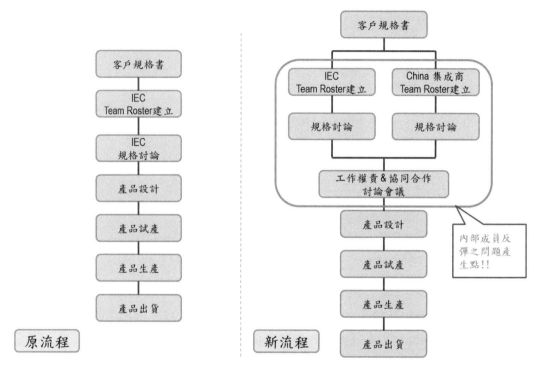

圖 2　新流程與原流程的差異

　　依據以上新的流程在 PM 單位制定後進行與各設計主管的會議討論該流程的可行性，在會議上各主管與 VP Pam 實際參與討論確定該流程是可以執行的流程，並要求 PM 與業務單位必須在合作案開始之前完成與合作商的工作權責定義，以避免日後一旦有問題發生時的責任區分過於混亂狀況發生。

(一)專案內之要求

　　在 Pam 要求的指令是完全以機構設計二部(ME2)與電子設計一部(EE1)二個單位為合作案下主要對應窗口並列為會議記錄，必須針對以下重點進行：

1. 二個設計專案有四個目標必須達成：

(1)瞭解白牌商如何利用其供應鏈管理降低開發與生產成本。

(2)瞭解白牌商與以往設計團隊的品質要求差異。

(3)期望達到業務目標在平板有年度數量成長至 400 萬台以上。

(4)該專案單機報價低於 80 美金，終端售價也不超過 100 美金，在開發與測試的成本管控上必須特別注意。

2. 相關零組件必須以公司內部的 AVL(Approval Vendor List)挑選為優先。

3. 若合作商所挑選之零組件有不同於公司內之 AVL 廠商，必須回覆建議合乎公司內的承認廠商與承認之料件以減少非共用料之狀況發生。

4. 開模之模具廠與成型射出廠必須是公司內之 AVL 廠商。

5. 塑膠原料型號與廠商之選擇必須依公司年度簽約的廠商為第一優先。

6. Design leader(DL)的遴選必須依客戶端的要求，最好是做過該客戶的人選為優先，年資要超過 5 年以上(表 1)。

7. 設計工程師(DE)的遴選必須依客戶端的要求，至少要有 3 年以上量產經驗。

8. 選出的人員必須經過 PM & Sales 的確認才可列為 Team roster 之內並將相關人員組合成 Core team，除非特殊狀況外不可以更換。

9. 有一點我曾經跟 David、Gary 及 Benson 已經談過目前各單位內不是 Award 的案子都先暫停，必須以這二個機種的專案優先派人進行作業。

表 1　設計人員資格列表

Project	Chinese Name	English Name	Title	Year	Score	Obligations	Remark	
								Dedicated project leader: 5 years above NB team lead experiences: 3 points 3 years above NB team lead experiences: 2 points 1 year NB team lead experiences: 1 point
								Dedicated team member: 3 years above NB design experiences: 3 points 2 years above NB design experiences: 2 points 1 year NB design experience: 1 point
				Total	0			10 points at least for brand new projects

(二) 開發與測試成本控管

　　根據以上的會議記錄傳達，Alex 很快就在當天下午將參與專案的人資格空白評分表以電子郵件發至各設計單位主管要求填入，更重要的是又再多加入一條開發與測試成本控管流程(圖 3)的要求敘述：「因單價嚴格控管，任何測試與下各項解決方案的單位要增加 solution 料件者必須先經過以下流程管控，以避免有 over design 的狀況發生，若沒有依循該要求而造成利潤損失的情形時，將處份該單位主管與 Design leader」。

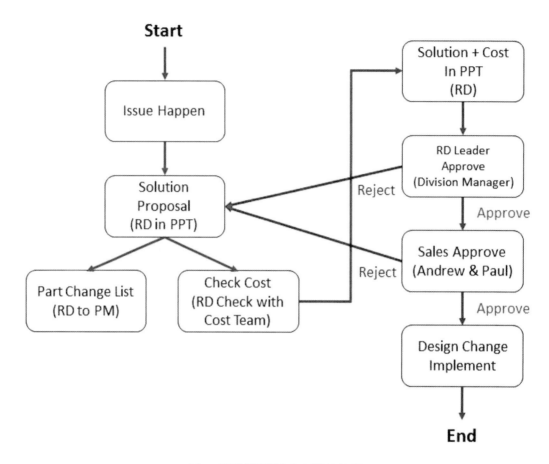

圖 3　開發與測試成本管控流程

　　按照 PM 所發出的專案管理的要求重點項目已經共有 9 項，使 David 可以感受到在高階管理者對此一專案的重視程度，並畢竟該產品項目於 2011 年在公司內部受過極大的損失之後就不再有類似的產品出現，但此次在客戶有提出在出貨數保證狀況及 BU 所須達成的業務目標下，是會影響日後的組織裁併與否的關鍵之一，在之前各大小會議就一直不斷的有提及有如此的訊息，再加上成本控管是更比以往嚴格把關，也更是利潤累積的來源。

三、人員遴選與問題

　　在 PM 與合作商討論工作權責與日後問題的責任歸屬的同時，在 2013/12/19 David 已經被通知正式接管設計二部而不再是代理的狀況(圖 4)，對 David 來說原本還在想的是等待 Gary 開完刀回到公司後就可以把二部內人事行政管理交還回

去，但在 Gary 提出留職停薪之後，管理階層就正式通知必須同時管理一部與二部，正式接管之後的第一件事就是必須提出適合的人選以準備進行專案的執行，這一件事情因為 Gary 的健康狀況無心處理公事已經拖延了約二個星期了。

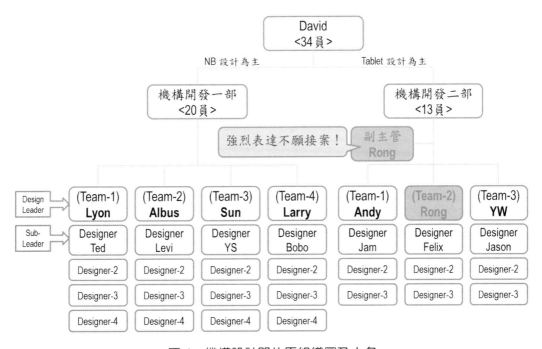

圖 4　機構設計單位原組織圖及人名

(一)多方訪談內發現的自傲

　　所有二部的成員對 David 來說除了每天在辦公室內互相照面點頭打招呼之外，平日並無過多的交談，正好利用此一機會與現有的 Design leader 們將 BU 面對的困境與優先目標跟他們三位 Design Leader 說清楚，再利用這一次面對面的訪談瞭解個人的過去經歷，更重要的是對該合作案的反應，三位 Leader 的訪談記錄依序為 Andy(表 2)、Rong(表 3)及 YW(表 4)：

表 2　Andy 訪談記錄

Andy，職務：副理，工作年資：10 年

　　是沒什麼意見，也沒有權利說不要吧，雖然心裡感覺不是太好，就跟以往一樣只要上面交待下來只要跟著怎麼做就是，因為以前沒有這樣的合作模式，跟他們合作如果有問題發生要如何作責任區分，不然我猜只要一旦出事又是我們倒大楣，更何況成本的控管的事情又是什麼狀況，難道是不相信 Leader 嗎？以往跟 PM 合作都只會對上面報怨我們這個不好那個不好，這樣的接案只怕未來問題會更多，更何況合作的廠商是在深圳，都是做山寨手機出身的，應該是不會好到那麼去吧，跟他們合作感覺是有害無益。

表 3　Rong 訪談記錄

Rong，職務：資深副理，工作年資：13 年

　　為什麼要跟他們合作？　雖然之前的機種在客戶合作之間也是沒什麼大問題發生啊，客戶說怎麼改我們也都是配合怎麼改，曾經專案完成已經出貨的產品也都是有經過設計品質驗證過的，我認為報價比較高也是應該的，發生任何的品質問題要算那一邊的呢？這一次業務管的也太多了，我個人是比較反對這樣的作法，深圳的廠家都是以前做山寨筆記型電腦作不起來的多，轉作平板才暫時存活下來的，這樣的合作模式我不覺得是一個長久的方法，如果你一定要我接，我現在就跟你反應先不要找我，你應該去跟上面反應一下啦。

表 4　YW 訪談記錄

YW，職務：副理，工作年資：10 年

　　我是覺得這是一個好機會，之前曾經有報價過二次機種都被他們這一種做山寨平板的廠家搶去，也正好利用這一次機會多去清楚對方的實力是到那裡，我很願意接這次的合作案，只不過在之前的裁員陰影之下，如果這一次合作順利也對老闆們的反應不錯，會不會以後乾脆讓他們直接合作拿案子啊？如果是這樣，那以後不會又再一次的部門整編吧？

　　David 在跟 Design Leader 面對面討論過之後，發現雖然 Rong 不論是在內外資歷上都比其他二人來得長，但這二項開發案上其個人反應卻是非常的負面，且目

前位為副主管對於剛接這個單位的 David 而言，在面對 Rong 如此的負面對待，且因長期待在二部之內且位於副主管的職務，其影響力將會嚴重的擴及其他人，必須快速提出職務變動的選擇以降低可能之影響程度，然而他們對深圳的合作商的山寨廠之地位認知反饋也正反應出他們擔心的來源，但這只是代表每一個 Leader 個人的想法而已，再接下來也計劃去跟 Sub-leader 也做面對面的討論，在看完個人資料卡之後，發現他們的年資也不低於 Leader 的年資且在有關設計方面的資歷也包含了有 Notebook、手機、工業電腦與平板電腦，與他們訪談所產生的反應與 Leader 的反饋同樣是屬於非常重要的參考範圍，三位 Sub-Leader 的訪談記錄依序為 Jam(表 5)、Felix(表 6)及 Jason(表 7)：

表 5　Jam 訪談記錄

Jam，職務：副理，工作年資：10 年

　　這樣還不錯的樣子，不然老是搶不到機種在心裡面都是提心吊膽的，不過要怎麼合作呢？總是擔心又老是被上面跟以前一樣的抱怨，只是又再覺得我們設計能力上是比深圳的山寨廠要來得差嗎？這樣的合作不要太多次才是，免得被對方都學去了。不過我更擔心的是 PM Alex 會跟以前一樣隨便的弄不清楚狀況到處告狀。

表 6　Felix 訪談記錄

Felix，職務：副理，工作年資：8 年

　　可以瞭解別人的實力為什麼可以來搶我們這種大廠的單，不過這樣做雖然覺得滿奇怪的，感覺上是短時間可以用這樣的合作關係拿到案子，不過做的好與不好是有什麼方案進行獎懲嗎？對了，你沒發現內部其他人有人心惶惶的狀況，不確認的消息都到處亂傳。

表 7　Jason 訪談記錄

Jason，職務：資深課長，工作年資：6 年

　　要學別人的東西，別人也會學我們的設計，不覺得這樣做好像在培養山寨廠，以後反而會來反咬我們一口，在商言商，別人以後也不會感激我們，我不喜歡這種合作方式，免得日後麻煩，尤其是在看到一部配合的 PM 都會準備好該有的文件，二部的每次都會打迷糊仗，從一開始到後面量產都很混亂。

在經過共二次與二部內的 Design leader & Sub-leader 的訪談之後，David 有發現可以直接去接下專案執行的 Leader 人選有二位已經可符合人員資格表內之須求，雖然是如此但大部份其餘的人在對談過程之中，對與深圳合作商之合作案的進行多抱持不願意及低意願的態度，讓 David 覺得要從這一個單位內部把後續適合的人遴選出來，短期之內是一件麻煩的事，且現在一部也有 4 個專案正在執行當中，又為了配合客戶端人選年資限制與不能任意變更的基本要求，暫時也無法用開發一部的人轉移至二部帶領專案，然而距離專案啟動的時間越來越近，對上與對下的問題還須要再加緊去溝通，但第一步必須請 Pam 一起參與跟 Rong 進行溝通取得平衡點。

在 2013/12/23，David 邀請 Pam 與 Rong 針對不願接案的原因進行瞭解，首先提問說：「Rong，在我們之前的面對面討論時，你有提過先不要找你接案子，可以解釋一下你的理由讓我們瞭解一下嗎？」

Rong 抬頭說：「我還是認為客戶要求與山寨廠合作的策略是有問題的，有沒有搶到機種案子在 RD 本來就沒什麼義務要背責任，業務跟採購的報價才是有問題，雖然這一次有特別再規範成本的管控流程，我不認為會有效啦，更何況現在你才是主管，我只是副主管而且只是表達我的意見不願意接下這樣的案子。」

David 說：「我有感覺到一種敵意而且你對工作上是有心不在焉的狀況，你是一名副主管更應該要有對自我工作職掌的認知，目前單位的任務就是要挑戰現狀才有機會改變目前的營業困境，我想你已經做這麼久的工作不會不瞭解這樣的狀況，如果你真的不瞭解的話，那應該是我沒解釋清楚，我有一個建議不如你先不要接案但同時先不擔任副主管的位置，我已經請人事調整增加一個 BOM team，你就先轉過去，至少先不要影響其他人合作案的意願，你覺得如何？」

在 Rong 回答之前，VP Pam 說：「其實 Rong 你知道為什麼不是讓你直接帶領為機構設計二部的正主管？其實在過去的半年你與客戶及工廠段的合作後的反應多有不佳的聲音，在 David 代理的期間我跟 HR 有發現至少在人員上下班的管制有改善，但你先為副主管在 Garry 住院期間必須代為執行主管角色的時候至少沒有去作這樣的改善，既然這樣我是贊成 David 的提案，你就先轉過去，人力上再找二個人。」Rong 想了一下：「也好，我現在沒什麼意見，我先出去了。」

在得到 Pam 的支持與 Rong 有正式的交談內容記錄之後，David 對 HR 正式提出新增單位與人員調動的 Memo，重點就是在取消二部 Rong 副主管職務及轉調至 BOM team 作非直接進行設計的工作並將 Felix 調整為 Project leader 並於一周之後 2013/12/31 生效(圖 5)。

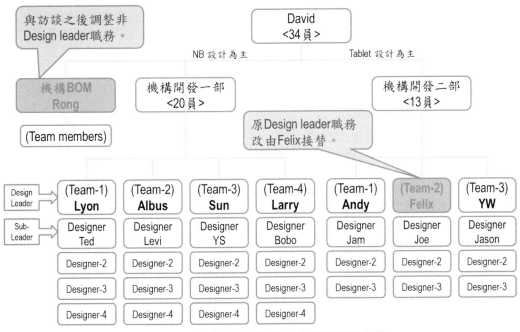

圖 5　機構設計單位調整後組織圖及人名

(二)導入欠缺的流程而產生的抗拒

　　在正式接管二部之後，David 審視了設計文件與流程的問題，發現原來二部並無完整的流程與文件要求，多是口耳相傳與後續單位提出須求才會製作相關文件與一部目前的執行狀有產生落差，難怪在以往設計到生產的機種會有客戶多有抱怨的狀況發生，David 必須將一部的流程與相關對應文件須求導入於二部之內。

　　David 在找相關 Leader 們討論之前，有特別注意到該單位人員的組成共來自三個單位：網通事業處、BU5 的 Notebook 設計處與手機平板設計處，與一部的成員都是來自 Notebook 設計單位的狀況不一樣，在其對應產品設計經驗、客戶群、教育訓練與曾經接受領導管理風格皆有所不同，設立機構開發二部的緣由是在高層考量為了重返平板電腦市場所成立的設計單位之一，且成立的時間不到半年，不論是在流程與文件建立上多有漏失間接影響與客戶的合作關係，為了能夠讓開發一部與開發二部有統一標準的機構開發流程且能夠順利進行，David 走到 Pam 的會議室門口問：「副總，我對接管二部到目前有一些想法想跟你報告與討論，請問你現在有空嗎？」，Pam 抬頭說：「當然有空，現在就進來吧，找個椅子坐著談。」，David 坐下來之後說：「副總，在接管開發二部之後有發現在內控的流程與所須的文件管理上狀況並不好，與開發一部的實施執行有很大的落差，也有跟客戶的對應窗口利用電話作聯繫去瞭解過去機種合作上的問題，反應的重點也是

在流程與文件的欠缺，這一次的二個機種案子對 BU 是非常的重要，我想要利用這一次的機會將流程與所須文件的導入。」

Pam 說：「你也有觀察到這種情況，過去量產的機種都也是很急的要量產，全數的人也就直接投進去，沒有多餘的時間去導入所謂的流程，文件的部份除了客戶有要求的之外在內控所須的文件都還沒有執行，現在不只客戶有抱怨就連工廠後續的單位也多有合作不佳的意見到我這裡，你想用開發一部的流程植入到二部，我是同意的，不過會不會影響到正常開發的時間反而形成干擾，這是你要考慮的問題，你就回去放手開始做。」

David 說：「謝謝副總的支持，後續我會再針對實施的狀況逐步用電子郵件發給副總瞭解進度，另外有一個想法提出想讓副總同意，就是在執行過程中難免會有一些阻力出現，我想利用專案獎金提報的時候也加入執行優良的同仁，這也是一種鼓勵。」

Pam 說：「用獎金鼓勵是一個不錯的方法，不過要記住只是為了導入順利而進行的一種措施，不要造成濫發就是，你是主管必須要作到控管的職責，其他的就交給你處理。」

2014/01/08 在得到副總的同意之後，為能夠得到順利的執行特地舉行一個會議找來了 Felix、YW 及 Andy，進入會議室先告知會議的重點說：「我有觀察到大家平常都是很辛苦，我現在會常接到有人加班超過 40 小時的通知，我自己也曾經是工程師，對於這樣的情形我是非常感謝各位的努力，今天利用這一次的會議是針對二部欠缺的流程與所須文件去作導入的說明，對我們工程設計的人員來說只是有設計的產品不同，但是不論是對應客戶與廠內其他單位而言，在設計所須的流程與相對應的文件是一樣的，我有將一部的現有資料轉給你們三位去看，之後更主要是要透過你們三位回去傳達讓每一位工程人員要有一套標準的流程為依據去作業，這是非常重要的事情，也已經得到副總的同意所以請務必要做到。」(圖 6及圖 7)。

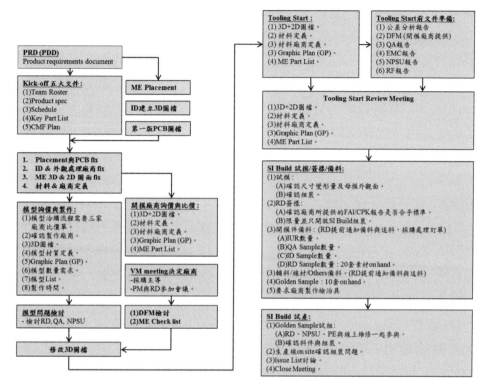

圖 6　導入之流程與文件對應圖(1)

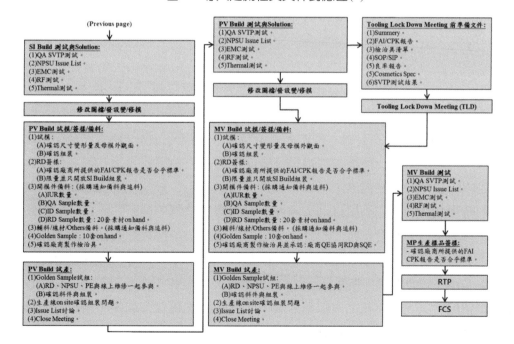

圖 7　導入之流程與文件對應圖(2)

Andy 說：「現在要弄這些文件會有點麻煩，二部的產品不像一部的產品那麼複雜，以往我們都也這麼過了，是真的有需要嗎？畢竟大家在忙的時候會沒有時間作這一些文件，這樣弄的好像壓力變大，又要設計又要顧時間表又要弄文件，真的工作量有多喔，我在想就先跟著流程做，再看看那裡不適合再來談怎麼改。」

Felix 說：「其實以前是有這一些文件的，只是後來部門的變更有再加上主管的更迭多次造成，也就沒有在執行這樣的事情，雖然在之前的執行上沒有特別要求，也就沒有去處理這一些事情，既然要重新導入我是贊成。不過我現在要去找也找不到格式了，是可以先用一部的文件去進行作業再討論看看，那如果沒做好會不會跟 Rong 一樣冰起來啊？。」

YW 說：「這樣也好，有這樣的文件是可以幫忙我們作內部先檢視免得白忙，不過我認同 Andy 所提的狀況，雖然我的 team 沒有參與這二項專案，但可預見在工作量有增加的情況下，忙起來應該會真的沒空做，我也感覺人力變得好像會不夠用，有沒有可能再加人進來？」

David 聽完三個人說：「我知道你們開發的時間是比一部的短，人力數量比一部少，但相對的也代表所有的設計件數與複雜度比一部來的少，我自己多年之前也有設計過平板電腦的經驗，所以在前面有先提一部與二部在使用流程與製作文件的狀況是只有產品別不同；我接管這個部門時曾經與客戶端有先電話拜訪，他們有提到以往機種有流程與部份的文件不全狀況發生，畢竟不能再進行土法煉鋼的模式，為了減少客訴的來源與讓制度健全化的考慮之下是必須要導入，你們總不希望自己做到累的不行，但是又被別人嫌到不行，這樣下去只是會徒勞無功浪費時間，在執行的過程中若有發現到任何的問題要趕快反應大家再來談如何修改，距離內控文件初審還有接近半年，都應該來得及作業。」

David 再說：「我在看過你們的人事資料之後，我認為每一個人在技術上都是很厲害的，但是組成一個團隊之後是不是發揮更大的功用我還不知道，畢竟設計產品是團隊合作的必要因素，可以定義每一個人的工作分配不要造成衝突，其實執行的時候文件的製作不用特別去處理，已經有定義每一個時間點與各環節所要用的文件，不會去影響正常的設計作業時間，而且在執行良好的個人會根據事實提報獎金給予鼓勵，記得回去跟大家說清楚；再說到 Felix 剛才提到所謂冰起來的這件事，你應該有誤會，Rong 自己選擇不接案並不是我不讓他接案，這你可以自己再跟他問一次，畢竟在上次跟他討論的時候是副總也在會議中，所以才有職務上的調整，下次自己要先弄清楚再來問你要問的問題。」

在與三位 Leader 離開會議室之後，David 回到位置上聽到在其他位置上的工程

師們互相討論對導入流程的意見，一方面是對這樣的導入有反對但也有不明瞭的狀況出現，在 David 的心中產生了一個想法就是必須將全部的人員作集中利用在會議上進行直接的宣達，不要再有轉述而造成不必要的誤解，也可以在執行過程中若二部的人員有問題時可以找開發一部的同事過來協助進行處理。

(三)工作權責討論進度不佳

在 PM 與深圳合作商討論的時間過程中，各設計單位針對所談之內容多次要求，必須利用會議討論時以對內部轉述所談及之內容，但歷經自 2013 年 12 月 2 日的會議之後到 2014 年 1 月初，歷經了一個月都未有正式與合作商的會議記錄，讓 IEC 內部的設計團隊無法瞭解任何進度。

在 2014/01/22 一次內部討論會議中，David 與 Ben 再一次對 PM 提出工作權責的討論進度闡明的要求，主要負責此工作範疇的 PM Alex 說：「這一件事情我還再跟對方的項目負責人與他們老闆正在討論當中，你們不要一直催，先把你們自己開發的工作做好就可以了。」

David 問說：「這件事直到現在為止已經 1 個月了，你知道目前的團隊氛圍並不好，已經訪談過的人除了自己工作要做，還要擔心日後若在設計品質測試上有問題發生時，責任要算在那一邊就代表是要去找出問題並導入解決方案，而另外一方是站在協助的角色而已，大家都不想被一直追。」

Ben 也提出說：「我有一個想法，真正的問題來源應該是我們是深圳合作商的客戶或者品牌商是我們二家共同的客戶？這樣應該比較好區分後續責任問題來源，因為最終是由那一邊出測試報告給品牌客戶這才是重點。」

Alex 非常不悅的說：「就已經跟你們說我會處理，這個你們就不要管，趕快按照出貨在 4/30 的目標前進啦，就這樣吧，就連之前關鍵零組件(Key parts)的選擇與這一件事都不要再問我了，我都有一直發 e-mail 作 update，RD 就顧好自己的事就可以了。」，說完之後就抱起自己的電腦快速的直接離開會議室，留下 David 與 Benson 二個錯愕的看著 Alex 離開。

Ben 轉向 David 說：「這怎麼辦？大家都是一個 team，有問題就應該反應給 PM 看後續要如何處理，他用這種態度很難跟單位裡面的人交代，你的單位裡面都沒人反對嗎？」。

David 說：「當然是有，我都已經先跟 Design leader 跟 Sub-leader 談過了，普遍的反應都不好，人選我是心裡有譜了會先報出去，不過對剛才跟 Alex 所談的事情再沒進度，後面還真是無法預期會什麼狀況發生！」。

David 在走回辦公室的路上先繞過去公司於一樓設置的抽煙區,腦袋中還一直想著剛才在會議室內發生的狀況且在吞雲吐霧時心中嘀咕的想這樣的合作方式不只是人員的排斥與憂慮,就連橫向的單位對自己該負責的事情都還沒弄清楚,時間一直在前進消耗中,這樣繼續走下去一定會出狀況,要找個適當的時間跟 Alex 的主管 Tom 跟 BU 主管 Pam 反應目前權責討論進度不佳的狀況。

(四)第一次三方會議中因權責不明產生的反彈

2014 年 1 月 24 日進行第一次三方的設計團隊對專案內容的討論,由 Tom 擔任會議召集人,並邀集所有參與專案的客戶端、IEC 與深圳合作商設計團隊成員針對專案內的規格利用電話會議進行意見溝通。

Alex 先起頭說:「今天利用這一次的電話會議進行三方通話,在進入檢視開發時間表之前,先讓 IEC 的設計團隊針對專案的規格與問題先行提出,等一下再讓深圳合作商提出問題點一起討論並找解決方案。」

在 IEC 設計的團隊陸續按照會議所排之順序並依各 Function 負責提報,畢竟也已歷經內部多次大小會議,討論過許多問題點及找到了解決方案,所以在會議上所佔用的時間並不長,但再轉到深圳合作商提報時,卻出現了意想不到的狀況出現。

合作商的項目(PM)負責人 Josh 說:「你們剛才所提的報告當中,有一些電子料件廠商與型號選擇的問題,在我這裡必須先提出來解釋一下,依照你們發出來的列表有大部份在深圳這裡是買不到的,我們是建議最好是用我們在深圳可以買得到的廠商與料件型號,這才是最好的狀況,因為目前 PCB 線路圖的設計是在我們這一邊,還有在機構設計上最好是依我們的建議來進行,因為我們這裡有很多的設計經驗,周邊也有很多的模具協力廠及塑膠成型廠,互相的距離都很近,都可以很快的來討論任何一項技術上的問題。」

Ben 按下了 con-call 機的靜音開關轉向 Alex 問說:「這不是跟先前的老闆要求的會議內容有所衝突且認知不同嗎?PM 不是跟合作商討論過了嗎?他們的答案怎麼會是這樣,之前的會議要求是相關零組件必須以公司內部的 AVL 挑選為優先,且若合作商所挑選之零組件有不同於公司內之 AVL 廠商,必須建議合乎公司內的承認廠商與承認之料件,這個是很明確的目標,而且打板子 SMT 的地點是在上海我們自己的廠區,非 AVL 的料件根本不能進廠。」

Andy 也問說:「模具廠商按照之前的會議也必須是我們的 AVL 廠商,更何況公司內部也有垂直整合的塑膠成型廠,專案內的結構設計應該是依我們設計的為

主吧，是我們自己要派人去執行所有的設計與模具開發、試模、與修模到備料入廠的工作，怎麼會也跟會議要求不一樣，變成這樣是要怎麼繼續合作下去？」

David 先安撫 Andy 跟 Felix 說：「我們先不要這麼的情緒化，先維持中立的立場，將意見或問題先再反應給 PM 及再跟 Pam 報告實際情況，讓該負責的 PM 先處理，現在這麼的激動是沒有效果的。」，轉頭向 Alex 說：「目前聽起來跟 Pam 在第一次公開會議上要求是不一樣，這也難怪他們的反彈狀況這麼大，我跟 Ben 也曾經在一個會議上要求你，必須要跟合作商把我們的要求跟他們談清楚並發出會議記錄讓大家瞭解狀況，聽起來你並沒有將自己該完成的事項做完整，我建議你現在必須將我們的要求利用這個會議跟對方說清楚才是。」

Alex 轉向 Con-call 機說：「Josh，你們必須要依照我們這一邊所提出的料件與廠商，因為在你們把線路圖轉給我們之後就是我們這裡全權負責，所有後續到量產備料的動作應該都是 IEC 處理，而且模具廠及射出廠我們也有 RD 會自己設計與負責開模檢討的動作，不需要與深圳的你們討論，在這一專案上，我們是你們的客戶，品牌商是 IEC 的客戶，只是在初期有在線路圖上共同合作的時間，再來就不是了，後面的任何修改都必須依照 IEC 的通知，不可以自我變更以免去影響到我們這一邊的備料，任何的變動都必須告知 IEC，這一點你們必須要清楚。」

在整個會議上，二邊的認知與工作範圍定義一直無法達成共識，對在旁擔任此一次專案機構設計的 Andy 與 Felix 來說心中有著許多疑問，Andy 與 Felix 找了 David 到會議之外的走廊上問道：「怎麼聽到的狀況跟之前的會議記錄不一樣，不是要在我們自己的上海廠區打板，且模具射出廠商也是應該我們自己選的才對啊，這樣一直都沒有共識是要怎麼做下去？聽起來今天這樣的狀況是很亂，而且如果再不談清楚日後很容易被綁手綁腳，我想是不是等 PM 把二邊的工作定義弄清楚再繼續下去比較好？不然我覺得這樣的專案合作方式對我而言會做不下去，我可以選擇不要接這個案子嗎？」

Felix 接著說：「這真是很奇怪，不是談一段時間了，怎麼會到今天還在講這一些問題，那乾脆給他們山寨廠接去就好了，我們參加這一場會議感覺上等於沒參加，他們都想照他們的路走，那我們這一邊到底應該是負責什麼項目都還弄不清楚，實在是不太妙，能不接就不接，不然以後責任歸屬都會弄不清楚。」

回到會議室之後，David 看著與會的所有人都在竊竊私語且 Tom、Alex 與 Ben 臉上都帶著有不悅的表情坐在椅上，再轉頭看著 Andy 與 Felix 蹣跚的回到會議室上的位置與思考剛才他們二位反應的問題，心中想的是會議中討論發展的狀況已經不如預期，也偏離了公司內初始的要求，二組 Design leader 都在此重要會議當

中對著自己表明不願意接下專案，站在身為設計開發主管的角色要如何將這樣的
合作方式與商業模式能夠繼續順利的進行下去？日後是否有其他的轉型機會以創
作高利潤？

貳、個案討論

一、個案總覽

　　本個案描述在因應產業市場的變化及由上而下的內部要求，必須要與設計總部
以外的公司進行協同設計開發，而在公司所訂定的目標與設計團隊內部產生反對聲
浪之間的處理歷程。

　　長久以來在 3C 產品都不論在原廠委託設計(ODM)或原廠委託製造(OEM)都以
台灣為開發重心的狀況下，自設計、測試到生產上都有標準流程與各種品管報告文
件，使產品轉換為商品銷售時都能夠保持在有一定出貨品質水準，這對全程參與的
設計之人員不論在個人與群體上都有一種引以自傲的程度存在；但在產品別不斷推
陳出新與出貨互有消長之情形下，品牌商開始要求台灣的 ODM／OEM 廠商必須與
中國大陸的白牌商進行協同設計開發，公司內部由上而下的重點：

成本壓力：白牌商如何利用其供應鏈管理降低開發與生產成本。

品質管理：白牌商與以往設計團隊的品質要求差異。

單位裁併：在面對業績與利潤成長的壓力下，必須利用此一方案在平板電腦的市場
　　　　　中搶得品牌廠的訂單，以期達到業績修正之最低目標。

　　在完成以上的要求之前，設計主管必須面對一群長久有自傲並看不起白牌產品
的設計人員且因發現在流程上多有不足必須將流程給與強化，對這一些人員來說是
一種強烈的衝擊，自初步開始的合作開始就多有拉鋸、不信任狀況與拒絕接案的狀
況發生，站在身為一名主管的職責要如何利用組織變動讓專案繼續下去，是必須思
考的問題來源並加速動作去解決。

二、教學目標與適用課程

　　本個案描述在因應產業市場的變化及由上而下的內部要求，必須要與設計總部
以外的公司進行協同設計開發，在公司所訂定的目標與設計團隊內部產生反對的聲
浪處理歷程。

依照個案情境發展，從本個案中可利用管理理論四大層次認識協同設計、人際關係管理、衝突管理與創新管理(圖 8)，透過教師引導進行個案分析與討論，以期能協助學生面對未來可能發生狀況，能發展出解決問題的方法。

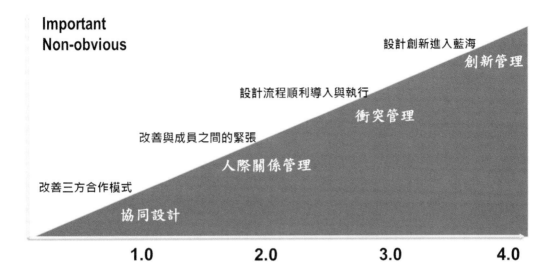

圖 8　相關議題理論層次

三、學生課前討論問題

　　請學生於上課前預先閱讀本個案，以便融入個案情境，透過小組討論與心得分享，發掘有哪些內容是值得探討的重點。本個案著重於經驗分享，只要學生具備供應鏈管理、客戶管理、策略管理的學科知識就能研討。建議個案外知識連結之期刊書籍：
1. 逆危機 Neil Smith，Patricia O'Connell 合著，陳琇玲譯，2013，遠足文化事業股份有限公司。
2. 上下管理，讓你更成功！：懂部屬想什麼、老闆要什麼，勝出！Matuson 著，吳書榆譯，2011，經濟新潮社。
3. 協同設計應用實務：營運模式創新的秘笈，中衛中心產業經營部編著，2010，中衛發展中心。
4. 向全球頂尖高手學創意技法和行銷策略，玩出好創意 CEO2 Mario Pricken 著，方淑惠譯，2012，遠足文化事業股份有限公司。

四、個案背景

　　個案公司 IEC 是家台灣 3C 產品 ODM、OEM 與 EMS 專業的公司，為因應市場變化與競爭，達成「最佳系統、軟體、服務公司」的企業使命，遵循「自主創新、綠能環保、雲端服務、無線寬頻、新興市場」五大策略方針，透過與顧客之策略聯盟，發掘新的應用產品需求，研發以需求為導向的產品，以延續企業競爭優勢、開拓新市場機會，目標成為提供雲端運算、伺服器及行動裝置最佳解決方案的標竿企業。

　　長久以來在 3C 產品都不論在原廠委託設計(ODM)或原廠委託製造(OEM)都以台灣為開發重心的狀況下，自設計、測試到生產上都有標準流程與各種品管報告文件，使產品轉換為商品銷售時都能夠保持在有一定出貨品質水準，這對全程參與的設計之人員不論在個人與群體上都有一種引以自傲的程度存在；但在產品別不斷推陳出新與出貨互有消長之情形下，品牌商開始要求台灣的 ODM／OEM 廠商必須與中國大陸的白牌商進行協同設計開發，公司內部由上而下的重點：

成本壓力：白牌商如何利用其供應鏈管理降低開發與生產成本。

品質管理：白牌商與以往設計團隊的品質要求差異。

單位裁併：在面對業績與利潤成長的壓力下，必須利用此一方案在平板電腦的市場　　　　　中搶得品牌廠的訂單，以期達到業績修正之最低目標。

　　在完成以上的要求之前，設計主管必須面對一群長久有自傲並看不起白牌產品的設計人員且因發現在流程上多有不足必須將流程給與強化，對這一些人員來說是一種強烈的衝擊，自初步開始的合作開始就多有拉鋸、不信任狀況與拒絕接案的狀況發生，站在身為一名主管的職責要如何利用組織變動讓專案繼續下去，是必須思考的問題來源並加速動作去解決。(詳細相關登場角色如表 8 所介紹)

表 8　登場角色介紹

人物	職掌	角色介紹
Pam	BU 副總	BU 之最高主管，台灣台北人。 屬於放任型的主管類型。 為個案內合作案之最高指揮者。
Tom	專案管理主管 (PM)	配角，台灣台北人 為專案管理部主管，Alex 為其部屬。
Alex	專案管理師 (PM)	配角，台灣台北人 為專案管理部主管，為 Tom 之部屬。 曾經長駐於華南深圳與東莞區域，熟悉當地電子料件市場。
David	機構開發主管 (ME)	主角，台灣台北人 原為機構開發一部主管，專案開始之前接管開發二部。 在業界資歷約 18 年。
Andy	副理	配角，台灣台北人 為開發設計二部內 Team-1 Leader，帶領其中一個開發案。 在業界資歷 10 年。
Rong	資深副理	配角，台灣台北人 原為開發設計二部副主管 & Team-2 Leader，於合作案過程中表明不願意接案的意願，轉調到 BOM team。 在業界資歷約 13 年。
YW	副理	配角，台灣台北人 為開發設計二部內 Team-3 Leader，帶領其中一個開發案。 在於個案內第一次三方通話會議中與 Jason 表示不願接案。 在業界資歷約 10 年。
Felix	副理	過場人物，台灣台北人 原為開發設計二部內 Team-2 Sub-Leader，因原 Leader Rong 職務調動後擔任 Leader 職務。 在業界資歷約 8 年。

五、個案分析

(一)對此三方設計開合作案，應如何進行才能夠再順利繼續下去？

　　由於在 2014 年 1 月 24 日的會議溝通不佳及爭執無解狀況下，在擔任會議召集人的 Tom 當下決定先將會議結束，並於當日下午進行內部的溝通會議並報由副總 Pam 直接主持進行角色與責任(R&R)定義為協同設計：雖然深圳合作商為客戶指定

之合作商，仍必須與 IEC 共同對應客戶端及訊息共享，有關硬體與軟體的設計歸屬為深圳合作商，而有關外觀與內部的結構設計歸屬為 IEC 設計團隊，對應聯繫與會議通知窗口為 IEC 的 PM，必須建立 FTP server 共用的文件轉換資料的平台，其餘如測試、產線等等的單位皆須透過 PM 與固定性週期會議參與討論(圖 9)。

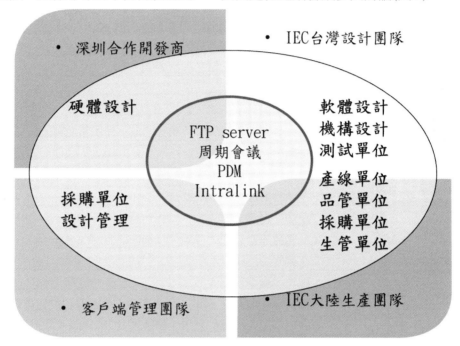

圖 9　IEC 協同設計情境圖

　　台灣 3C 產業大都是製造代工(OEM)和設計代工(ODM)，甚少有在國際品牌經營(OBM)面對於歐美日系的品牌而言是相對弱勢，所以製造上所需的快速、成本與品質成為互相競爭的基本條件，在個案內平板電腦產品內的硬體設計部份，是利用中國大陸華南地區以往的手機山寨市場形成的技術聚落而逐漸發展，將電子線路板(PCB)先行開發成為一個模組化的公板，再銷售給需要的製造商去搭配在當地可就近取得之其他相關電子關鍵零組件(液晶面板、電池…)，配合不同造型的外殼，通過通用的生產程序使開發與生產成本降低，如此能夠讓欲進入此一市場的企業門檻降低，這也是在個案內客戶端要求 IEC 必須與深圳合作商進行合作的理由之一，期望能夠通過導入已經成熟的模組化公板的設計、在華南當地可近距離取得的電子關鍵零組件、台灣端的機構與軟體設計、嚴謹的品質驗證系統，與台商在中國大陸設置的完整 3C 產品生產線搭配以縮短設計的週期、降低開發成本及快速上市。

（二）請分析個案中在溝通與人際關係處理的問題？

成為一個領導者：

如何不用攻擊和引起憤怒的方法去改變一個人：參考文獻[2]

　　David 在接管開發二部的初期首先面對的就是原單位的副主管對與白牌合作商共同開發案的反對，雖然在 Pam 的協談之下已要求轉移至 BOM team，但在後續短期之內的副作用就如 Felix 所說：「沒做好會不會跟 Rong 一樣冰起來啊？」的話語出現，對 David 來說為了在短期之內讓專案順利走下去與改善開發二部之內的問題，在人際關係處理上有達到目標與處理不佳的情形：

1. 指正別人錯誤的方法。
2. 如何批評，才不會招致怨忿。
3. 先講你自己的錯誤。
4. 沒人喜歡受指使。
5. 保留它人顏面。
6. 如何激勵別人走向成功之道。
7. 給他一個願意全力追求的美譽。
8. 讓他們高高興興去做。

（三）請分析本個案中，導入設計開發流程之進行消除抗拒的方法？

學界對衝突的看法，有三種不同觀點，參考文獻[10]：

1. 傳統的觀點，認為衝突是不好的，應該要避免發生。
2. 人際關係觀點，認為衝突是會自然的發生，任何群體皆無可避免。
3. 交互影響觀點，認為部份的衝突對群體效能提昇是有必要的。

衝突的三種類型，參考文獻[11]：

1. 任務衝突(目標導向衝突)：
   與工作內容及目標有關。模糊或不完整的目標，使專案成員各自解讀專案範圍、績效標準、專案優先次序，發生目標與最後的結果不相符。
2. 程序衝突(行政衝突)：
   與如何完成工作有關。發生於管理階層、組織結構或是公司哲學，部屬與主管對於功能、專案任務與決策意見不一致，經常是衝突的中心。
3. 關係衝突(人際衝突)：
   人與人之間的關係。發生於專案成員與重要的利害關係人的個人差異，其來源包括不同的職業倫理、行為作風、自我、專案成員的特質。

在開發二部成立到個案內容發生的時間已經約半年,在 David 正式接管開發二部之後,先進行與客戶電訪交流,除了禮貌性的拜訪之外,更加要瞭解的是在以往合作上產生的問題,然而客戶直接的反應是在流程、文件與樣品管制上必須再改善,與 David 接管開發二部之後發現尚未建立設計流程的問題是相同,促使 David 決定必須採用開發一部的流程導入開發二部,在個案中對 David 來說二個部門的差異只是設計的終端產品及內部的零件的有所不同,是可以採用相同的流程,主要是提高客戶的信任度為優先目的,再更進一步的是在半年後對公司內之內控文件的審核,可以有統一的文件與時間去作準備,應對於其它橫向單位、工廠產線與品質管理的單位時有相同的對應作法。

(四)對在長期3C產品低價代工的思維之下,都知道要改變才能進入到藍海創造利潤,但在設計創新管理應如何進行?

由於台灣 3C 產業長期大部份都是製造代工(OEM)與設計代工(ODM),其營利的思維大都維持在如何降低成本與偏向去接少樣多量的產品訂單以充實生產線之產能,但利潤都是偏低,參考文獻[4]要遠離紅海的方式,不僅要脫離傳統作法,不要將競爭當作標竿,反而要遵循不同的策略理念進行「價值創新」將創新與實用、售價與成本互相搭配才不會變成市場先驅者而非得利者,開發藍海是為了降低成本並為客戶提高產品價值,如圖 10 所示。

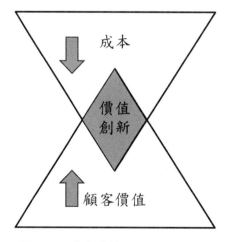

圖 10 同時追求差異化和低成本 [4]

要達到價值創新,公司整個作業系統必須定位為達到客戶與公司雙方的價值躍進以避免與策略核心脫節,可參考表 9 的紅海與藍海策略的對比。

表 9　紅海與藍海策略的對比 [4]

紅海策略	藍海策略
在現有市場空間競爭	創造沒有競爭的市場空間
打敗競爭	把競爭變得毫無意義
利用現有需求	創造和掌握新的需求
採取價值與成本抵換	打破價值—成本抵換
整個公司的活動系統， 配合它對差異化或低成本選擇的策略	整個公司的活動系統， 配合同時追求差異化與低成本

六、教學建議

　　建議以 120 分鐘做為本個案的課程規劃，請參照表 10 個案流程安排。然而所有的個案都有其獨特性與複雜性，因此不同的個案也會有不同的情境，對於本個案做出結論與建議如下：

1. 分析合作廠商的角色定位，以雙贏的原則，開創未來合作的契機。
2. 必須要充分的資訊，加上風險考量，決策者才能做出客觀的決策。
3. 對於決策的後果，要有適當的補救機制，以免影響企業的營運發展。
4. 同步式設計程序有利於縮短設計時間與快速回饋的優勢。
5. 領導者如何不用攻擊和引起憤怒的方法去改變現況。
6. 設計創新的商業模式與價值創新脫離紅海策略思維。

表 10　個案流程安排

項目	內容	管理理論	時間
課前研討	個案內容分組討論	—	50 分
個案介紹	個案背景簡介	—	10 分
個案分析	A. 對此三方設計開合作案，應如何進行才能夠再順利繼續下去？	協同設計	50分
	B. 請分析個案中溝通與人際關係處理問題？	人際關係管理	
	C. 請分析本個案中，導入設計開發流程之進行消除抗拒的方法？	衝突管理	
	D. 對在長期 3C 產品低價代工的思維之下，都知道要改變才能進入到藍海創造利潤，但在設計創新管理應如何進行？	創新管理	
結論	老師對於個案總結與建議		10 分

七、板書

本個案需要六大區塊的黑板(最好可搭配電動黑板，也可反覆使用單一黑板)，主板在於討論案例的概況與主要問題，其餘板書內容，建議採用順向推論的方式，引導出下列問題：

A. 三方設計合作案如何進行。

B. 人際關係與溝通如何處理。

C. 設計開發流程之消除抗拒的方法。

D. 如何進入到藍海創造利潤。

（一）板書排版

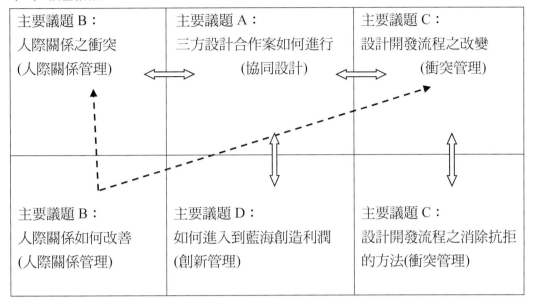

　　各個主要議題進行探討時，可讓學生討論發言，老師可利用板書來整理與帶出相關議題。最後，配合主要議題 A 來討論因應策略與其影響，進而讓學生思考給David 的建議。當所有議題討論完成，老師可公布此個案之實際後續發展(利用投影片或後記方式補述)：

（二）個案後記

　　在個案公司後續在創新設計上提出多項針對現有的產品改善方案，讓客戶在初期的規格與外觀造型獲得改善，並在歐洲當地區域得到當地政府的換機標案，更在 2015 年的美國 CES 電腦展上，以 stackable 全新的組合式電腦創意，讓公司年度策略的潛力客戶獲得獎項，讓公司管理層與客戶端全力進行該概念機轉移成為正式量產專案。

　　在 2015 年，另外在業務同仁將多種概念向其他客戶作推動，也引起了其他品牌廠的極高興趣，主動來到公司內進行未來量產專案的討論與新技術互相開發分享的合約，讓轉型後的組織有初步優良的成果，並持續調整人力以進行量產與創新設計齊頭並進，除個案組織內有所成長，也可將各項創意原型機向其他 BU 推廣讓客戶的接獲面更加寬廣及更好的利潤。

參、參考文獻

1. 中衛中心產業經營部編著，協同設計應用實務：營運模式創新的秘笈， 2010，中衛發展中心。

2. Dale Carnegie 著，詹麗如譯，溝通與人際關係，1995，卡內基叢書。

3. Neil Smith & Patricia O'Connell 合著，陳琇玲譯，逆危機，2013，遠足文化事業股份有限公司。

4. W. Chan Kim，Renee Mauborgne 合著，黃秀媛譯，藍海策略：開發無人競爭的全新市場，2005，天下遠見。

5. Mario Pricken 著，方淑惠譯，向全球頂尖高手學創意技法和行銷策略，玩出好創意 CEO2，2012，遠足文化事業股份有限公司。

6. Alexander Osterwalder，Yves Pigneur 合著，尤傳莉譯，獲利世代，2012，早安財經文化有限公司。

7. 財團法人資訊工業策進會，2014 下半年電腦系統產業前瞻暨趨勢分析，http://mic.iii.org.tw/aisp/activity/actissuefile.asp?sqno=5295

8. 廖一青，產品協同設計模式之研究，2002，國立臺北科技大學商業自動化與管理研究所碩士論文。

9. 蔡漢章，代工廠商與品牌商動態協力合作演進之研究—筆記型電腦產業中價值能力移轉個案探索，2005，國立中央大學資訊管理系碩士論文。

10.Robbins, S. P.，Coulter, M. 著，林孟彥譯，管理學，2006，華泰文化。

11.Thamhain, H. J. and Wilemon, D. L., "Conflict management in project life cycles, " Sloan Management Review, Vol. 16, pp. 31-50 (1975)

12.Pinto, J. K., "Project Management： Achieving Competitive Advantage", New Jersey： Pearson Education, (2007)

肆、附錄

(附錄 1) 個案重要時程

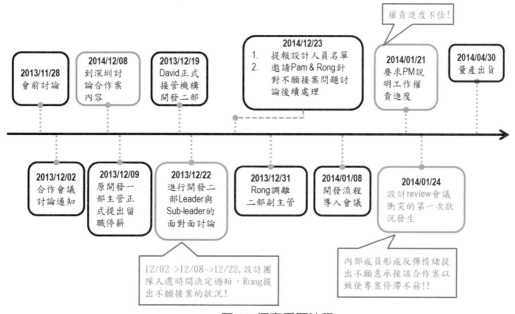

圖 11　個案重要時程

效率與品質的平衡-宏通數碼智慧卡個案

林義貴[1]、塗信修[2]

摘要

　　本個案描述生產部長期因市場交期的壓力致力於生產效率的提升，對於品質的提升並沒有投入大量資源進行改善，當主要目標市場客戶的產品品質要求出現變化時，生產部因為此品質標準要求的提升，造成了原有產品製程的不良率升高導致生產成本增加及有效產能的大幅的下滑，無法達成公司成本及客戶交期的目標。

　　透過 TOC 限制理論找出各項生產資源的瓶頸利用非瓶頸資源加以保護並利用生產線平衡分析提高生產應變能力，減少作業人員及設備的等待降低生產成本，極大化有限的生產資源進而完成公司所交付的工作目標。任何的生產作業提升應以客戶價值為出發點，生產製造業很容易一昧的追求效率提升而忽略了品質同步提升，然而品質與效率的提升往往是互相衝突的，如何在追求高效率的同時，應不斷審視市場品質要求的變化，針對品質做提升，在此高度變動的競爭市場中，於成本，交期，品質創造出生產製造服務的差異化，獲得客戶滿意並提升公司競爭力達成公司經營的目標，是目前生產管理者重要的經營管理目標。

關鍵詞：效率、品質、TOC 限制理論、生產線平衡、瓶頸、服務差異化

壹、個案本文

一、個案公司與產業概況描述

　　耗時兩年，悠遊卡公司從交通票證積極要跨足小額消費，但礙於銀行法遲遲未通過，在各界的努力下，立法院終於在 2009/1/13 三讀通過「電子票證發行管理條例」，將悠遊卡發展成為小額支付工具，是當時台北市長郝龍斌的競選政見之一，但法案延宕兩年一直無法兌現，直到悠遊卡公司董事長連勝文上任後積極落

---

[1] 國立臺灣科技大學工業管理系講座教授。
[2] 國立臺灣科技大學工業管理系 EMBA。

實奔走法案終於順利通過，未來台北市的悠遊卡將與香港八達通、新加坡 EZ-Link 並駕齊驅。

悠遊卡的使用因有台北捷運運行的平台基礎，目前是全台最普遍的交通票證儲值卡，發行量達四千多萬卡，不僅幾乎台北市民人手一卡，不少外縣市民眾或觀光客來到台北市也是使用悠遊卡，「電子票證發行管理條例」通過後，等同於台灣正式邁向「一卡多功用」的消費新時代。

金管會核准悠遊卡公司辦理電子票證業務後，悠遊卡不再單單只能用於交通電子票證，將可作為多用途小額支付使用目前此卡片儲值的上限為新台幣一萬元。也就是說，原本用於搭乘交通運輸工具如台北捷運、公車等，現在持悠遊卡還可在悠遊卡特約的商店進行小額消費，透過卡片感應即可結帳、扣款。

目前與悠遊卡公司合作的特約商店已多達 1 萬多家，像是星巴克、康是美…等。而台灣四大便利超商 7-11、全家便利商店、萊爾富、OK 超商也可持卡付款，另外還有達美樂比薩、美麗華影城、百貨小吃、新東陽、頂好超市等商家。同時，民眾持悠遊卡還可於台鐵、部分國道客運與停車場等地點消費，該卡並結合市立圖書館借書證，也可折抵市立動物園門票，原本於票證發卡龍頭的悠遊卡公司發卡量可望再創新高，當然民眾將是享受此方便的最大贏家。

另外「電子票證發行管理條例」第十八條中保障消費者相當重要的條文，就是強制要求發卡機構必須將電子票證內的儲值金額交付信託，或提供履約保證，讓持卡人權益得到保障，不用擔心不景氣發卡業者倒閉、求助無門。悠遊卡公司最大股東的台北市政府，2008 年 1 月就已經要求悠遊卡公司率先將儲值卡儲值金預收款交付信託；不僅為持卡人提供保障，將也有助於金融秩序的維持。

因小額支付條例通過後也帶動了台灣各家銀行信用卡與悠遊卡公司聯名的發卡潮，原來與悠遊卡公司聯名的銀行業者從第一期四家民營業者增加至第二期的八家業者，積極與悠遊卡公司聯名發行「悠遊聯名信用卡」，此信用卡除可享信用卡積點紅利優惠外，也可透過信用卡帳戶自行選擇自動加值服務當餘額不足時每次可自動加值 500 元，可免去忘記儲值的便利性，深受民眾喜愛，到 2011 年 8 月短短一年多總發卡量達 420 萬。

(一)個案公司簡介

個案公司宏通數碼科技股份有限公司成立於 1989 年 8 月，為台灣最大紙業集團永豐餘的關係企業，是國內第一家以智慧卡為核心業務之企業，致力於資訊卡片、個人化設備銷售、個人化委外服務、智慧卡應用系統整合、及晶片 COS 開發

與 PKI 資安應用系統之銷售，經過 20 年以上之發展，宏通已經成為在金融、交通、政府專案三大領域之智慧卡專業領導廠商。

宏通自 1996 年開始投入國內金融 IC 卡作業系統之開發，是國內第一家本土化公司研發晶片 COS 的廠商。宏通同時自 1992 年開始代理全球最大製發卡設備廠商 Datacard 產品，協助國內銀行建立信用卡/金融卡製發卡系統，台灣市佔率超過 90%以上，建立非常堅實的銀行客戶關係。當宏通卡廠成立後並陸續取得 VISA/MasterCard/JCB/AE/銀聯國際五大信用卡組織安全工廠認證，在晶片信用卡與晶片金融卡兩波晶片化的市場發展契機，取得 40%以上之銀行卡市佔率，成為國內最大之專業製造卡廠。

宏通自 2004 年開始建立雙介面晶片信用卡的生產線，在技術部份採用直接焊接製程，讓產品取得最佳可靠度與耐用性。經過這幾年的市場開拓，宏通已成為台北富邦、中信銀、國泰世華、華銀、一銀、兆豐、玉山、永豐銀、合庫、彰銀、台企銀等銀行悠遊聯名卡之主要供應商。同時也開始開發海外雙介面晶片信用卡銷售市場，迄今銷售量已超過 2,000 萬張，成為全球最主要之銀行雙介面晶片卡生產卡廠。

自從電子票證法通過後，台北悠遊卡公司成為國內最大之電子票證營運商，開啟小額支付系統跨業使用的商機，其發卡量也成為國內最大之卡片市場。宏通於 2011 年拿到台北悠遊卡公司之年度悠遊卡供應合約，並已通過二代悠遊卡、聯名悠遊卡、iCash 悠遊卡、造型卡等之供應商資格；宏通同時也是統一集團、遠東集團、高捷、台智卡公司等流通、及交通業者之儲值卡主要供應商。

宏通並於 2009 年正式取得 SONY Felica 卡片安全生產工廠認證，成為 SONY 之全球合作卡廠，並積極參與國外交通卡標案，以擴大宏通海外市場版圖。在政府專案部份，1997 澎湖健保 IC 卡試辦計劃是宏通第一個參與的政府專案，在短短 2 個月期間為澎湖全縣約 10 萬人完成健保 IC 卡之換發作業，獲得極高之滿意度，同時也為 2000 年全民健保 IC 卡之全面實施做好準備。2000 年參與健保 IC 卡首發卡階段之集中製發卡系統建置與 SAM 卡製發卡系統建置。2003 年開始成為國內自然人憑證卡之供應商。

2007 年拿到國防部與空軍軍人識別證晶片化與安全設備標案，成為軍人識別證之主要供應商。更重要的是 2008 年拿到健保 IC 卡製卡委外服務合約，成為國內全民健保 IC 卡之承製廠商與健保局各例發中心之營運廠商，負責現場即時製發健保卡給民眾，服務滿意度廣為大眾所稱讚，宏通也成為國內智慧 IC 卡政府專案最大且最專業之產品與服務提供廠商。

(二)產業概況描述

　　台灣智慧卡產業目前可區分為六大領域分別為金融、交通、電信、政府票證、零售票證、教育六大領域，其中以金融領域的卡量比重為最大，其中又以銀行的信用卡為最多。智慧卡多功能平台概念如圖一所示。

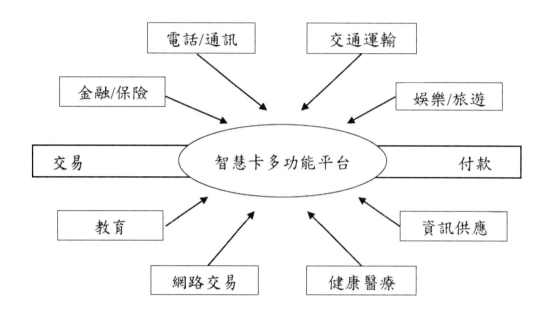

圖 1　智慧卡多功能平台概念圖(許安慶，2001)

　　智慧卡目前在台灣各領域的使用現況：

1.金融業：

　　智慧卡在金融業的應用包括現金提領、轉帳消費、預付式消費與電子錢包(Electronic Purse)與網路購物等；提領現金與進行交易消費用的金融卡與信用卡，目前仍多以接觸式卡片為主，而電子錢包則以非接觸式卡片為主，在此一領域中，資料的安全及保密性最為受到客戶重視。

2.交通業：

　　各交通業者將搭乘捷運、火車、公車、計程車等大眾交通工具的票證卡片進行整合為一，是智慧卡在交通運輸領域之應用的最大目標；目前國內的悠遊卡公司已經在大台北地區整合捷運、公車、客運、台鐵、高鐵與停車繳費。目前台灣北中南各有三大業者經營交通票證，分別為北部的悠遊卡公司、中部的台灣通公司、南部的一卡通公司。

(1)北部悠遊卡公司

　　成立於 2000 年 3 月主要以非接觸式 IC 智慧卡整合大台北地區的公車、捷運及北市公有路外停車場，為台灣的電子化交通票證系統揭開新的里程碑，2010 年小額支付條例通過後其使用範圍已幾乎普及全臺，現今累積發行卡數達 4200 多萬是台灣第一大的交通票證業者。

(2)中部台灣通公司

　　成立於 2003 年，主要由台灣地區各汽車客運業者所發起，主要推動台灣地區汽車客運業 IC 智慧卡電子票證系統，目前正向金管會申請電子票證業中，以利未來開放小額消費功能。

(3)南部一卡通公司

　　原本是由高雄捷運公司發行之交通票證，於 2007 年 12 月正式發卡，使用範圍包含高雄捷運、全台西部之公車與客運、臺鐵、渡輪及停車場等。但考量「一卡通」之永續經營及發揮交通與消費合一之綜效，成立一卡通票證公司類似北部之悠遊卡公司並概括承受原來由高雄市捷運公司負責之一卡通票證業務，在 2013 年 12 月獲金管會核准設立並於 2014 年 2 月正式掛牌營運。

3.政府票證：

　　政府近年來為因應全球之電子化及電子之安全交易傳輸分別針對國內醫療保險發行個人的健保 IC 卡，針對相關的醫療人員發行醫事人員憑證卡，另內政部也針對個人在 2003 年由內政部開始發行自然人憑證，做為一般民眾的網路身分證，目前透過此張個人憑證透過政府提供的網路進行申辦的服務包含電子公路監理、網路報稅、勞保局網路申辦作業系統、健保局多憑證網路承保作業平台、戶政網路申辦、經濟部公司線上申辦系統、入出境管理局限制出國查詢，迄今發行張數已達 400 多萬張。在企業部分則由經濟部 2003 年開始發行工商憑證卡，做為公司商業身分電子憑證，透過這張企業身分電子憑證 IC 卡將作為在網路上與政府溝通的身分認證。

4.電信／通訊：

　　在電信領域則以公用電話 IC 卡、手機 SIM(Subscriber Identity Module)卡，用於儲存手機用戶的身分識別數據、簡訊數據及電話號碼的智慧卡。

5.零售業／通路／連鎖業：

　　各百貨公司、賣場、連鎖超商通路商店所發行的聯名卡、儲值卡、電子禮券卡、貴賓卡等均屬此類產品，部分業者則與金融業所發行之聯名卡，功能亦可包含信用卡、電子錢包等。超商 7-11 愛金卡、大型咖啡連鎖店如丹堤、Starbucks 等、

中油捷利卡等則均屬儲值卡之運用並透過儲值卡之紅利積點來進行產品的行銷，提升客戶忠誠度並掌握消費習性，創造商家未來商機。

6. 教育：

　　台灣各級學校因結合交通及內部使用系統之需求均已發行校園卡，作為學生證使用，校園卡可使用於校園門禁管制、借閱圖書、註冊等，台北市及新北市政府的校園並與悠遊卡公司合作全面發行數位學生證。

　　台灣智慧卡之國內主要產業鏈主要分為三大部分

1. 晶片的供應商：

　　智慧卡最早起源歐洲市場的法國，現今全球最大的 IC 晶片供應廠商大多均為歐洲的廠商，主要的晶片供應業者包括英飛凌(Infineon)、飛利浦半導體(Philips Semiconductors)、意法半導體(ST Microelectronics)、日立(Hitachi)、三星(Samsung)、愛特梅爾(Atmel)等，前三者供應商約佔了全球市場晶片 80%以上，晶片為智慧卡核心的原物料佔整張卡片 90%以上的成本。

2. 軟體開發與系統整合及周邊設備：

　　國內目前從事 IC 晶片作業系統之研發有虹堡科技與全宏科技等軟體開發廠商，系統整合廠商則有財宏科技、精誠、錦華、萬鎰、宏通數碼、金財通、東元、資拓宏宇、創群、神通、凌網虹堡科技與全宏科技等，其他周邊設備例如讀卡機有虹堡、碩良、瑛茂、創群等。

3. 卡片載體的生產廠商：

　　智慧卡的實際應用除了上述晶片及應用平台外，還需要有實際的卡片載體將晶片植入後並將個人的資料利用卡片製發卡設備進行顯性及隱性資料的載入，再利用已開發好的發卡軟體及系統進行卡片的使用，故目前較具規模的卡片供應商應具備有卡片載體的生產能力及個人化服務的製造能力，而信用卡國際組織為控管其信用卡的品質及製發卡安全，卡片供應商需建置獨立的生產工廠並具備防偽設計、製版輸出、網版印刷、平版印刷、印後加工、晶片植入、載體個人化、安全物流運送等一條龍製造服務體系。此外並需通過國際組織所訂出的製發卡資訊系統安全檢查及生產工廠的實體安全檢查後，取得認證之後才能進行生產；正常的狀況下不可以外包，如需外包則需要通報國際組織，以防止可能的仿造狀況發生。

　　IC 晶片卡生產與卡片個人化廠商目前台灣較具規模的廠商有台灣銘版、宏通數碼、第一美卡、東元捷德、新東亞、鴻霖、韋僑、卡登等，其中目前獲得國際

組織認證的卡廠具備卡片生產及個人化服務兩張生產執照，可生產信用卡的資格的卡廠目前共有四家，依取得國際組織認證時間排序分別為台灣銘版(1996)、宏通數碼(2001)、東元捷得(2004)及第一美卡(2006)， 其中生產信用卡的市佔率以台灣銘版及個案公司約佔市場的九成，其他業者以生產電信卡及交通票證為主。

二、 悠遊卡生產流程與卡片市場品質標準

智慧卡製造卡片產品種類以交易資料傳輸方式，分為接觸式晶片卡，非接觸式晶片卡及雙介面晶片卡，悠遊卡於分類屬於非接觸式晶片卡，其與接觸式晶片卡最大差別在於交易介面符合 ISO14443 Type A/B/C 之規範，與讀卡機之間透過線圈感應產生電流以激發卡片內藏之晶片性能，以進行認證、加解密、運算與交易等之功能。

(一)非接觸式卡介紹

非接觸式 IC 卡是在卡片中間夾一層 Inlay 層(天線層)，內含感應式晶片，由卡片外觀看不到如同接觸式晶片卡表面之銅箔基板(分成 6PIN 或 8PIN 兩種基板)。目前市面上流通最廣泛之晶片以 NXP Mifare S50／Mifare Ultralight／Mifare DESFire 系列晶片為主，因交易速度快，價格具競爭力，安全性高，因此廣泛用於交通票證卡、儲值卡、點數卡、門禁卡與會員卡等業務，也是全球交通產業票卡市佔率最高之晶片。

(二)生產流程圖

不同的卡片種類生產的流程也不盡相同，本個案主要針對悠遊卡製造流程作說明，圖 2 為悠遊卡生產的流程圖，原材料經過印刷，印刷材料除塵，線圈晶片(inlay)燙貼，卡片高溫高壓貼合，卡片裁切，外觀目視品檢，卡片資料載入等工序。

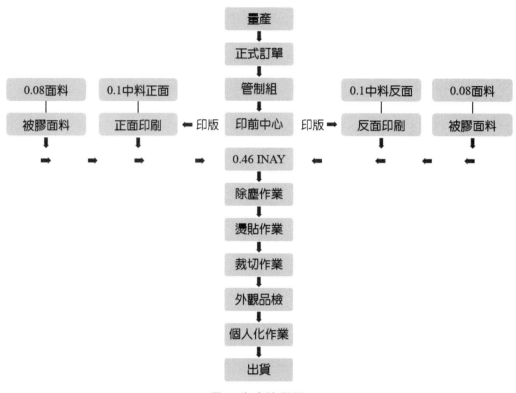

圖 2　生產流程圖

(三)悠遊卡卡片內部結構

　　有別於一般卡片四層的結構，因悠遊卡為非接觸式卡須由五層 PVC 材料組成，其中間層附加的晶片成本約佔卡片成本的 90%，有別於一般的塑膠卡原料成本高。

　　其中影響品質及成本的重要工站為印刷工站，卡片生產製造時是以 24 模(3*8)進行印刷製作，當訂單於大批量連續印刷生產時，如有空氣中的髒點沒有停機將髒點之瑕疵問題去除，如有 1 模產生外觀髒點瑕疵時，將會連續產生整批會有 4%(1/24)的不良率以此類推，特別是包覆於中間夾層高單價的非接觸式晶片將連同造成損耗，故此印刷工站的品質優劣是決定訂單製造成本及有效產能的重要關鍵。

　　市場客戶對卡片的品質要求大致分為三大部分：

1.卡片交易功能

　　完成生產交貨卡片之晶片電器特性功能需達百分之一百良率，所有的電器特性均經過工廠自動化設備的檢查，且卡片上晶片之基碼需轉為客戶的基碼才能出貨，故所有卡片的晶片經過百分之一百電器特性功能的全檢才能進行出貨，如於

驗收抽樣時發現有任何一張卡片有電器特性不良將會列為主要的產品缺失，是否允收將按各家抽檢標準比率處理。

2.卡片數量

因信用卡或交通票證等列為有價票證之一，其數量管控相當嚴格，通常客戶驗卡第一個程序是先確認數量無誤才開始驗收，通常此部分是電子點卡器點數，且工廠每筆數量每個製程的交接都經過層層關卡點數，此部分出錯機率是很低的，當然如果短缺將視為重大缺失會整批退貨。

3.卡片外觀品質

卡片目視外觀檢驗部分主要分為三大部分：印刷色差、髒點毛屑、刮傷，然而其中髒點是此所有製卡廠商最難以控制的品質要因，因生產成本競爭的因素所有製卡業者幾乎無法投入類似半導體業的無塵室的作業環境，僅能維持簡易的潔淨室進行生產，故髒點僅能控制在一定的程度，為此個案工廠針對不同客戶的外觀品質要求制定了外觀檢驗三個等級的規範，以平衡品質與製造成本。

(1)市場客戶外觀驗收方式：

市場客戶針對驗卡有些採全驗方式有些則採取抽驗方式，驗收外觀時均採目視檢查方式，客戶針對所抽檢或全檢的卡片挑出外觀不合格品後，再按比例進行減價驗收，採抽驗方式驗卡的客戶會按其抽驗計畫進行允收與否的依據，故公司業務需將不同客戶要求的外觀檢驗標準訊息傳遞到工廠，避免出現品質不符的問題而出現退貨問題。

(2)個案工廠外觀生產標準：

卡片外觀標準因國際組織沒有制定標準，驗卡標準也隨著客戶不同的外觀要求標準而有不同的標準，個案工廠多年來依照市場交貨經驗值制定三個不同的等級標準因應如表 1，不同等級的外觀標準對應的實際有效產出也會有所差異，通常市場要求的外觀標準平均依多年來驗卡經驗大都落在工廠所設定的 B 級，一般的狀況公司業務接單時並不會與客戶以數據明訂外觀標準，故在沒有特別的外觀標準要求時，工廠通常使用平均標準 B 級進行生產，少數頂級客戶或特殊的卡種的訂單，業務通常會在訂單特別要求工廠以 A 級標準製作，但此卡量占所有卡量的比重很低。

表 1 外觀標準與有效產出

規範等級	外觀髒點規範標準	生產平均不良率	平均有效日產能
A	D≦0.50mm,2 點以內,相距 20 mm	20%	8,000
B	D≦0.60mm,2 點以內,相距 20 mm	8%	9,200
C	D≦0.70mm,2 點以內,相距 20 mm	5%	9,500

PS:以每日投入 10,000 pcs

三、市場變化

2000 年以前台灣卡片市場主要應用於金融領域,其產品主要以磁條金融卡及磁條信用卡為主,但因儲存於磁條卡的個人資料能輕易於被犯罪集團所盜錄,2002 年信用卡國際組織也防止盜錄偽卡問題,開始推動卡片晶片化,原於金融領域廣泛使用的磁條金融卡也開始大量升級為晶片金融卡及晶片信用卡帶動了國內金融產業換發卡片一個高峰,各領域紛紛開始推動智慧卡的換發,在政府證照部分政府也於同年開始推動電子化政府,包括推動健保 IC 卡及內政部自然人憑證及工商憑證,另外在行動電信領域因使用行動電話日益普及也使得電信領域 GSM 手機 SIM 卡的需求大增,因個別不同的產業領域的需求量大增,也帶動了當時台灣智慧卡的需求高峰。此發卡高峰一直延續至 2004 年,當時卡片市場的訂單結構均屬於少樣多量,適合各製卡工廠以大量生產的模式進行生產,台灣各卡廠紛紛投入自動化設備,提升生產效率以滿足市場的大量需求。

但此產業光景一直到 2005 年出現了變化,當時台灣各家銀行特別是私人行庫因企業金融獲利縮減,進而轉為衝刺消費金融業務策略,各家銀行為衝高發卡量紛紛降低原有辦卡之信用門檻,使得部分信用不佳之消費者以卡養卡的方式,當時不少債務人不堪負荷而自殺造成當時的轟動一時的卡債風暴。

金管會和銀行公會為回應社會要求,要求各銀行業者須加嚴審核發卡,此舉造成銀行發卡量大幅下滑。此卡債風暴一直延續到 2006 年,緊接著 2007 年美國的次級房貸所引發全球的金融風暴也大幅影響國內銀行的經營及民眾刷卡消費之意願,各家銀行為減少衝擊紛紛採取各項節流措施,其中為降低卡片庫存而採取少量多樣的採購策略,使得當時卡片訂單型態由原來的少樣多量的型態轉為少量多樣,導致當時市場供過於求,當時國內四大卡廠為求訂單量降低生產固定成本,紛紛採取削價競爭方式增加卡量,導致卡片毛利大幅下滑。

四、生產策略的調整

　　個案公司當時也為維持生產經濟規模量，不考慮客戶訂單數量多寡，要求所有業務只要訂單有邊際效益能衝高卡量，訂單少則 500 張多則 5,000 張均接受，以衝高整體卡量。另外因銀行少量多樣的訂單採購策略，客戶庫存量大幅的降低其交期也要求供應商從原來平均 15 天，大幅縮短平均每筆訂單為七天。

　　個案公司因應此狀況，也積極改變生產策略從少樣多量的大量生產轉為快速彈性的製卡模式。當時重點生產改善工作主要致力於各工站效率的提升進而極大化有限之產能，滿足客戶少量多樣的快速需求以爭取市場更多訂單，達成生產製造經濟規模；此包含各生產設備自動化的投資及製程效率的優化，除印刷工站外各個工站生產效率有大幅提升，卡片生產外觀品質部分僅維持市場的平均水準而未投入大量資源改善品質，遇到少部分外觀要求高品質之客戶，因交期的壓力採取寬放印刷損耗之生產策略，達成客戶的品質需求整體的成本也達到預估之標準成本之內。

　　隨著少量多樣的訂單結構的改變印刷的版面也逐漸上升，工廠的主要印刷工站產能壓力也漸漸升高，如圖 3 設備的生產稼動率從 2002 年的 60%到 2009 年的90%約提升了 30%。

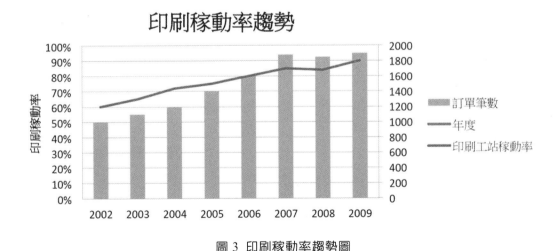

圖 3　印刷稼動率趨勢圖

　　因所有的卡片都需經過印刷工站，當時個案工廠印刷設備僅有一套只要設備出現故障維修狀況就可能造成出貨的延遲，當時面臨此印刷資源有限的條件下一度有外包想法，但因生產信用卡的限制即使外包也需是信用卡生產認證的工廠，故考量均為競爭對手，深怕外包後訂單將陸續的流失而作罷。

另外為考量新購印刷設備，但因當時市場為少量多樣之訂單結構如圖 4，2005
年到 2009 年訂單的趨勢為筆數上升但卡量卻不增反降，使得當時公司卡片營收及
獲利不佳，新的印刷機設備的資本支出龐大新的設備動則需五六千萬，負責生產
的廠長 John 試著以銷售業績推算 ROI，但回收年限太長根本無法送出投資報告而
作罷，且當時管理階層對當時的市場狀況對投資此新的印刷設備亦採取觀望保守
的態度。

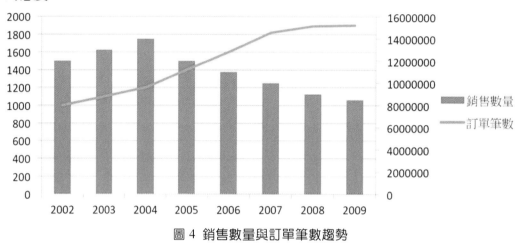

圖 4 銷售數量與訂單筆數趨勢

　　在無法投資新印刷設備且信用卡製程無法外包的情況之下，印刷工站又為主
要的瓶頸工站，當下負責生產的廠長 John 知道工廠的有效產出全部依賴此印刷設
備的稼動率，要盡一切可能的措施保護此唯一的生產工站，而進行了一連串的保
護措施，首先在印刷機器維護部分與設備廠商簽訂年度維護合約，備足設備必要
的零配件庫存，並與設備商簽定於一日內須完成修復的合約，當然此也付出高額
的維護成本。

　　另外生產庫存部分，當時因客戶均採少量多樣的下訂佔去許多印刷的生產調
機時間，設備的稼動率大受影響，也讓僅有的一套印刷設備雪上加霜。為提升設
備稼動率，當時採取建立各家客戶採購時間資料庫，針對所有年度合約客戶採取
計畫性訂單生產，也就是分析客戶下訂單的頻率及數量，先行預印庫存客戶未來
可能訂購的版面，減少印刷機上機換版的工時損失，進而提升機台之稼動率，當
然此舉需承擔客戶可能改版的預印庫存成本損失。另外整體交期也利用其他非瓶
頸工站效率的提升，後段加工工時的縮短以保護此主要瓶頸工站，另工廠生管也
會與業務協商採分批交貨方式處理讓整體交期能不受影響，盡可能符合業務之需
求。

工廠長期面臨客戶短交期的壓力，對於品質抱持著只要能符合現階段客戶的基本需求也就是 B 級標準，相當於日本品質大師狩野紀昭於二維品質中所提的當然品質，並沒有花太多的資源進行品質問題分析進而持續改善往一元化或魅力品質努力。

　　客戶偶爾會抱怨交貨的外觀品質比其他競爭對手差，但礙於印刷生產資源不足的壓力，工廠如面對外觀品質標準要求較高的 A 級客戶，為避免影響印刷機的稼動率通常採取的方式是寬放印刷的放損，再利用後工程的品檢單位將不良品檢出以符合客戶外觀的需求。當初工廠的 B 級標準還是能符合市場大部分的客戶的品質要求，對於少部份要求較高之客戶。當時負責的廠長 John 衡量市場的需求及生產資源的限制對於工廠整體生產力的提升，主要還是多著重在各製程進行效率的提升以縮短生產交期為首要之生產策略，圖 5 為個案重要事件時間軸。

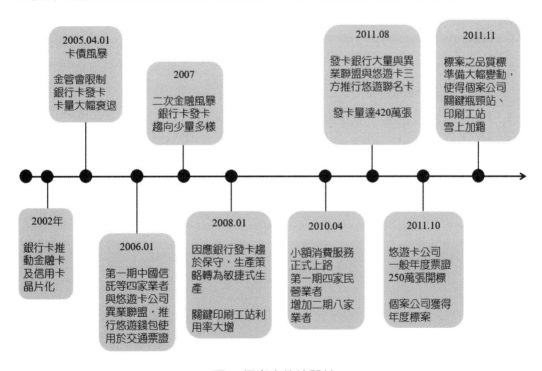

圖 5 個案事件時間軸

(一)標案說明會

　　時間回到 2011 年七月，悠遊卡公司因小額支付條例通過後，民眾因免帶零錢使用的便利性，也漸漸接受此電子小額支付的付款方式，此消費習慣的改變使得悠遊卡公司發卡需求量漸漸增加，發出了 250 萬張的邀標書，並針對卡片需求規

格舉辦了標案說明會，邀請當時各家卡廠參加，其中標書內載明了卡片數量，交期及卡片驗收檢驗標準，交期部分要求供應商每月至少出貨 20 萬張，買方可視需求每月增加至 30 萬張，此 250 萬張標案為期一年。

　　結束標案說明會，負責此專案的個案公司業務呂經理因需估算標案價格，立即帶著標案規範書與工廠相關主管召開會議逐條討論此合約的驗收規範，標書內的卡片規格包含電器特性及外觀尺寸大多維持市場的規格，其中規格變化較大的為因悠遊卡公司將與異業發行聯名卡，為了確保卡片整體外觀品質供其客戶收藏，訂出了信用卡最嚴格的外觀品質標準，D≦0.50mm，2 點以內，相距 20 mm，此外觀檢驗標準恰為個案工廠設定最嚴格的 A 級檢驗規範。

　　呂經理針對驗收抽驗標準進行說明：「此驗收計畫如表採不同批量取樣驗收，以每批交貨 10,000 張為例，按表 2 為採取 M 級，亦為從交貨 10,000 張內抽驗 315 張樣品進行其進料檢驗，內容分為主要缺失及次要缺失，其中主要缺失(電器特性、印刷文字圖案不正確等)為 2 收 3 退(驗收時抽驗 315 張，如發現 2 張含 2 張以內的不良當批可允收，但如超過 3 張含 3 張則整批退貨)。次要缺失(色差、髒點毛屑、刮傷)為 5 收 6 退(驗收時抽驗 315 張，如發現 5 張含 5 張以內的不良當批可允收，但如超過 6 張含 6 張則整批退貨)。以抽驗 315 張為例工廠出貨的產品主缺失品質需控制在 2/315=0.6%，次要缺失品質需控制在 5/315=1.5% 以內，交貨如經三次退貨，除延遲罰款外將會被取消供應商資格。」

表 2 客戶單次抽驗計畫表

單次抽樣計畫

批量	樣本大小代字	樣本大小	允收品質水準(正常檢驗)				允收品質水準(加嚴檢驗)			
			0.25		0.65		0.25		0.65	
			Ac	Re	Ac	Re	Ac	Re	Ac	Re
2 至 8	A	2	用代字 H		用代字 F		用代字 J		用代字 G	
9 至 15	B	3	用代字 H		用代字 F		用代字 J		用代字 G	
16 至 25	C	5	用代字 H		用代字 F		用代字 J		用代字 G	
26 至 50	D	8	用代字 H		用代字 F		用代字 J		用代字 G	
51 至 90	E	13	用代字 H		用代字 F		用代字 J		用代字 G	
91 至 150	F	20	用代字 H		0	1	用代字 J		用代字 G	
151 至 280	G	32	用代字 H		用代字 F		用代字 J		0	1
281 至 500	H	50	0	1	用代字 J		用代字 J		用代字 K	
501 至 1,200	J	80	用代字 H		1	2	0	1	用代字 K	
1,201 至 3,200	K	125	用代字 L		2	3	用代字 M		1	2
3,201 至 10,000	L	200	1	2	3	4	用代字 M		2	3
10,001 至 35,000	M	315	2	3	5	6	1	2	3	4
35,001 至 150,000	N	500	3	4	7	8	2	3	5	6
150,001 至 500,000	P	800	5	6	10	11	3	4	8	9
500,001 及以上	Q	1250	7	8	14	15	5	6	12	13

　　負責卡體生產的陳經理面有難色的按著計算機念念有詞：「此標準按工廠現有的製程能力可以生產的出來，但是依據以往此 A 級標準推估損耗恐怕會達到 20%左右(會有四到五模的不良)與業務推估的 10%(需控制在 2 模以內的不良)以內，標價將有 10%的晶片成本落差，即使拿到案子恐怕會有巨大的虧損。此訂單量太大了，以往工廠遇到此 A 級客戶，利用寬放模式生產的策略已無法應用，且按此標案總量為 250 萬張寬放計算，專案結束後將會造成將近 25 萬片的損耗，此將造成公司的重大虧損。」

　　業務呂經理面有難色的緊接著說：「你們必須想辦法，這是我們進入交通票證一個重要的指標，所有的競爭對手都是志在必得，價格絕對會非常的競爭。且現銀行卡單量居為少量多樣，我們必須利用此增加工廠產量降低固定成本訂單。無論如何我們必須拿下此案，希望你們能在品質、交期及成本能多加努力取得三贏，如果未來標案取得後無法全部兼顧，希望你們還是要以品質及交期為優先考

量，不要讓客戶留下不好的印象影響未來標案的取得，我回公司後會向總經理報告，相信他也會要求你們克服萬難達成任務。」

(二)品質與成本的挑戰

時間回到 2011 年十月，負責生產部的廠長 John 手機傳來了業務部經理的簡訊「我們已拿到悠遊卡公司的年度卡片及個人化兩百五十萬張標案，請準備進行相關生產備料及產能規劃」，這個訊息看在 John 的心理一則以喜，一則以憂。

此標案為期一年的大型合約訂單(約佔月出貨量 20%)的挹注，為符合交期每日需產出 10,000 卡，將有助於未來的一年工廠生產經濟規模進而降低生產製造成本這是 John 喜的部分。

要完成此標案的交貨，現有工廠的 A 級標準的製程能力只能利用寬放印刷損耗約 20%，利用後段大量檢驗，才達成品質與交期的要求，但此將造成本標案的重大虧損，此為憂的部分。

(三)品質與交期的衝突

拿到標案的隔日，John 隨即召集相關主管開此標案生產專案會議，首先負責品保的賴主任說著：「依據品檢班回報數據分析，我們這幾年來印刷外觀髒點為所有不良的第一名，依照此標案 A 級標準目前我們的不良率將高達 20%，問題很明顯的問題出在我們的印刷品質拉低了有效產能。」

John 問著：「陳經理你的看法為何？」

陳經理的說著：「現行訂單均為少量多樣，且大多是 B 級標準，目前工廠的印刷機只有一台，現在 24 小時三班運作勉強可以應付，但如果要印出符合 A 級標準的印刷品質，作業員為了去除印刷的髒點，印刷設備需開開停停，印刷設備的稼動率會因此將大幅下降，間接影響其他非 A 級訂單廠內約 80%產品的出貨。」

負責生管的蕭主任點點頭表示同意陳經理的說法。

廠長 John 念著說：「一定還有其他辦法。」，隨即要求小批量的試產並進行日產出 10,000 pcs 的生產規劃及配置，並請各工站的主管針對此產品項目提供各工站的試產工廠 A 級檢驗標準及 B 級檢驗標準效率產出的狀況，由陳經理彙總隔週進行分析說明。

(四)產能分析—找出系統瓶頸工站

隔週陳經理經產品試產後，於標案專案會議進行了專案試產分析。陳經理對現況作了說明：「我們目標產出生產量為每日 10,000 pcs，按各單位回報的資料彙整後如表 3，目前針對此專案共規劃八個工作站，我們目標產出生產量為每日

10,000 pcs，按表分析第 2 工站將為瓶頸工站，印刷檢驗可產出每日 11,520 卡，依 B 級檢驗標準工廠平均不良率為 8%，有效產出可達 10,598/日符合標案需求，但如以 A 級檢驗標準，不良率將高達 20%，有效產出僅達 9,216/日，且成本會比預估的高出 10%，交期及成本均不符合本標案公司目標。」

表 3　現況產能表

編號	工作站	現有作業人力	標準工時(秒)	總工時	工作站產能(480 分/日)	A 級標準有效產出(20%損耗)	B 級標準有效產出(8%損耗)
1	印刷作業	2	13	25	27,360		
2	印刷檢驗	2	30	60	**11,520**	**9,216**	**10,598**
3	除塵	1	24	24	14,400		
4	燙貼作業	1	28	28	12,480		
5	貼合作業	1	28	28	12,480		
6	裁切作業	1	18	18	38,400		
7	品檢作業	5	12	60	12,000		
8	個人化作業	2	5	10	12,000		

陳經理進一步針對改善後的生產規劃作了說明：「如表 4 為達成悠遊卡 A 級標準，先前工廠有針對 A 級標準的特殊產品，我們於第 3 工站加入修補的工序經驗，能將印刷的髒點利用人工去除，但第 3 工站有效產能將明顯下降，工站之標準工時會從原來 24 秒增加至 60 秒，除塵工站將轉為瓶頸工站，無法達成每日 10,000 卡有效產出，每日可產出 5,760 卡，但如以 A 級檢驗標準可控制在不良率為 9%，有效產出為 5,242/日，整體損耗率可控制在業務所預估的 10%以內。」

表 4　第 3 工站加入修補工序產能表

編號	工作站	現有作業人力	標準工時(秒)	總工時	工作站產能(480 分/日)	A 級標準有效產出(20%損耗)	B 級標準有效產出(8%損耗)
1	印刷作業	2	13	25	27,360		
2	印刷檢驗	2	30	60	11,520		
3	**除塵+修補**	1	60	60	**5,760**	**5,242**	**5,645**
4	燙貼作業	1	28	28	12,480		
5	貼合作業	1	28	28	12,480		
6	裁切作業	1	18	18	38,400		
7	品檢作業	5	**6**	30	24,000		
8	個人化作業	2	5	10	12,000		

陳經理緊接著說：「第 7 工站品檢作業因此修補作業的加入，因其外觀品質提升後也帶動了目視品檢的生產效率，標準工時從 12 秒下降至 6 秒與第 8 工站個人化的標準工時接近。

John 接著說：「我們目標是 A 級檢驗標準，雖然未來此改善工法將帶動我們整體的品質提升，但實際的有效產出還是未能達到我們設定的目標也就是每日需產出 10,000 pcs。」

(五)目標─決策的衝突

廠長 John 說著：「符合成本，品質，交期是我們此標案的目標。」

陳經理面有難色說著：「我們要完成此標案目標會產生兩個衝突，如要滿足公司設定之標案成本，我們必須利用修補工序來降低印刷損耗進而降低晶片之損耗且可滿足客戶外觀品質要求但有效產能將不足會影響交期；反之如要達客戶的品質及交期按照我們先前做法先墊高印刷寬放 20%，再利用大量人力品檢，可滿足客戶品質與交貨的要求，但此作法會有訂單將有巨大虧損無法控制業務設定的成本。」

John 看著陳經理簡報的數字喃喃自語：「還有其他方法嗎？此兩個衝突從交期及成本的角度來看我們都無法完整符合公司利益，但依據陳經理的產線分析我們暫時已找出方法解決品質問題的配套措施，我們主要的問題就在既有的人力下如何將第 3 工站的有效產出從 5,242 pcs 拉升至每日產出 10,000 pcs，我們就可以達到此標案的品質交期與成本的目標，但距離標案交貨僅剩一個月的時間，我們如何調整才能完成此標案任務？」

貳、個案討論

一、個案總覽

本個案藉由宏通數碼科技生產部，描述生產部面對市場客戶因個別的產品品質要求出現變化，生產部針對此品質要求，造成了原有製程的不良率升高導致原有的有效產能的大幅的下滑，在成本及交期的壓力下如何透過 TOC 限制理論及生產線平衡分析了解及掌握工廠現有產能及技術瓶頸並隨時地做內部技術的調整或多能工的訓練。在此高度變動的競爭市場中，於成本，交期，品質創造出製造服務的差異化，獲得客戶滿意提升公司競爭力達成公司經營的目標。相關議題理論區分四大層次，如圖 6 所示。

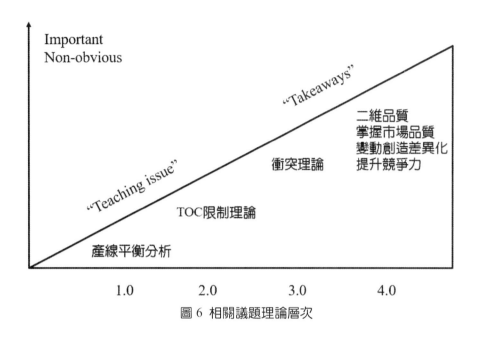

圖 6　相關議題理論層次

二、教學目標與適用課程

　　從個案中我們可以學習到，任何的提昇應以客戶價值為出發點，以個案公司來說為爭取訂單一昧的追求效率地提升而忽略了品質提升，導致生產力沒有同步的提升。當客戶需求變動時無法滿足客戶的需求，所以我們須時常檢視既有流程是否符合客戶價值所需，進一步調整內部製程能力及資源分配，並找出內部各功能站的瓶頸，以非瓶頸加以保護進行必要流程再造，創造雙方互利的長期目標與佈局策略，極大化公司現有資源達到品質及效率的平衡點，創造公司最大的利潤。

　　本個案涉及的理論包括：生產線平衡分析、TOC 限制理論、二維品質(KANO模型)，課程可圍繞此三項主題探討。適合一般初具管理基礎的學生，包括大四生、研究生(MBA 與 EMBA)。

三、學生課前討論問題

　　請學生於上課前預先閱讀本個案，以便融入個案情境，透過小組討論與心得分享，發掘有哪些內容是值得探討的重點。本個案著重於經驗分享，只要學生具備何謂 TOC 限制理論、何謂生產線平衡理論、二維品質(KANO 模型)就能研討。建議個案外知識連結之書籍：高得拉特(Eliyahu M.Goldratt)、科克斯(Jeff Cox)著，2006 目標：簡單有效的常識管理，齊若蘭譯，遠見天下文化出版。

四、 個案背景

(一)宏通公司沿革

　　公司提供從應用軟體平台開發、卡片印刷／製作、卡片個人化作業委外服務、卡片個人化設備提供、相關系統開發與建置，提供客戶能在最快速、完整、可靠的一條龍的整體製發卡服務。

(二)業務範圍及營業比重

1.各類卡片產品與個人化服務之製造與銷售。

(1)美國 Datacard 製卡設備台灣區總代理，銷售各類型製卡機設備。

(2)各類智慧卡應用系統如 e-Purse(電子錢包)、Loyalty Program(紅利積點)、KMS(金鑰管理系統)、CMS(卡片管理系統)等系統之銷售。

(3)銷售 EMV 信用卡製發卡系統、銀行分行製發卡系統、系統資料準備、Applet 與晶片 COS 作業系統。

(4)PKI(公開金鑰基礎設備)安全系統平台與應用系統之銷售。

2.台灣市場佔有率說明

　　以下針對個案公司主要產品台灣市場佔有率整理列表如表 5。

表 5　個案公司主要產品台灣市場佔有率

產品名稱	市佔率
銀行製發卡系統	95%
銀行即時製發卡系統設備	95%
晶片金融卡	60%
一般市場製發卡設備	60%
銀行委外代製發卡服務	60%
電子票證卡	55%
晶片信用卡	45%

資料來源：摘錄自個案公司資料

五、個案分析

(一)請分析個案如何利用 TOC五大核心步驟(Five Focusing Steps)持續改善的程序解決生產瓶頸?

1.限制理論(TOC)簡介:

　　TOC 限制理論由 Goldratt 博士所提出,其前身為 1980 年代所提出之最佳化生產技術(optimized production technology,OPT)其基本原則為將瓶頸與非瓶頸作業分開處理。在限制理論中,最基本的假設為生產銷售系統中存在有瓶頸(bottleneck),而此瓶頸決定生產系統的產出速率。瓶頸可能為生產系統中的一部機器、技術熟練的人員、或專業工具,亦可能是銷售系統中的市場容量。如果瓶頸在生產系統中則稱為內部瓶頸(internal bottleneck),否則稱為外部瓶頸(external bottleneck)。

2.TOC 的目標:

　　Goldratt 主張一個企業最終的目標在於賺錢,而其作業衡量的具體指標如下:

(1)提高有效產出:整個系統透過銷售而獲的金錢的速率。

(2)存貨成本:整個系統投資在採購上的金錢,而採購的是我們打算賣出去的東西。

(3)營運費用:系統為了把存貨轉為有效產出而花的錢。

3.緩衝(Buffer)管理:

　　在限制理論中,以緩衝保護瓶頸而 JIT 生產系統認為存貨是不必要的,要盡可能的減少,因此強調的是零存貨,其主要目標是降低製程內的變異;而傳統 MRP系統中則著重於安全存量或在製品(WIP)的控制,安全存量可以解決製造生產不穩定所帶來的問題。因此,在製品可以確保機器的正常運轉,使得前後機器的互相影響可以降至最低。

　　在 TOC 的理論中,最主要便是接受各製程間存在著相依關係(dependent events)與統計波動(statistical fluctuations)的事實,同時認為瓶頸資源決定了整個系統的產出值。從這個角度來看,生產管理者最重要的任務便是保護瓶頸資源。而此處用來保護瓶頸資源的在製品或是稱為緩衝,因為提昇了整體系統的產出,所以不被視為一種浪費,非瓶頸資源的部份便不需要利用緩衝來保護。其實施步驟如下:

表 6　TOC 五大核心步驟

步驟	具體做法
1. 找出瓶頸	找出(Identify)系統中存在哪些約束。
2. 挖盡瓶頸	最大限度利用(Exploit)瓶頸，即提高瓶頸利用率。
3. 遷就瓶頸	使企業的所有其他活動服從於第二步中提出的各種措施。
4. 解決瓶頸限制的具體措施	打破(Elevate)瓶頸，即設法把第一步中找出的瓶頸轉移到別處，使它不再是企業的瓶頸。
5. 瓶頸漂移	假如步驟 4 打破了原有的瓶頸，那麼就回到步驟 1 別讓惰性成了瓶頸，即持續改善。

　　在本個案中，對應實施 TOC 五大核心步驟(Five Focusing Steps)如下說明：

　　個案中面對因市場訂單結構變化趨於少量多樣，原本工廠的主要印刷設備產能已經無法應付市場的需求，然因無法滿足經營層之投資報酬率而無法進行設備的投資，面臨此有限的生產資源利用 TOC 五大核心步驟加以逐一打破，表 7 是個案中主要針對印刷瓶頸工站所投入的相關的保護策略。

表 7　TOC 五大核心步驟個案公司作法

步驟	個案公司做法
1. 找出瓶頸	個案中因應市場少量多樣之訂單結構，工廠唯一主要之印刷設備之稼動率升高產生瓶頸。
2. 挖盡瓶頸	(1) 印刷設備三班使用提高設備之稼動率。 (2) 與設備商簽訂維護合約並備妥必要之零配件。
3. 遷就瓶頸	利用投入自動化設備(其他非瓶頸站)效率的提升保護瓶頸工站使整體交期維持不變。
4. 解決瓶頸限制的具體措施	(1) 實施客戶計畫性訂單，利用在製品存貨做緩衝保護瓶頸工站。 (2) 利用業務代表進行與客戶再交期的調整或分批交貨的策略。
5. 瓶頸漂移	假如步驟 4 打破了原有的瓶頸，那麼就回到步驟 1 別讓惰性成了瓶頸，即持續改善。

（二）分析個案中目標—決策的衝突，請針對內文所提的衝突繪製衝突圖，並探討衝突圖中假設作法訂出最佳的生產決策。

　　衝突圖是 TOC 理論的解決衝突的有利的分析工具，在面對企業各方面的問題常遇到彼此具有相同目標但作法卻互相抵觸情形，利用衝突圖分析可精確的描述衝突所在，然後才能進一步的針對衝突找出方法為建立團隊的共識 [2]。個案內文中目標-決策的衝突內文整理如表 8：

表 8　個案公司衝突內文

個案衝突圖內容						
A 與 B 的共同目標	A 的期望	B 的期望	A 的作法	B 的作法	假設 1	假設 2
完成標案符合客戶品質交期及公司成本目標	完成公司標案成本目標	完成標案符合客戶品質交期目標	降低印刷的損耗	寬放印刷的損耗	降低印刷的損耗，符合公司成本目標且可滿足品質要求，但有效產出降低將影響交期	寬放印刷的損耗，利用後段大量檢驗達品質及交期目標，但將造成成本墊高

　　依衝突內容可繪製個案之衝突圖如圖 7。

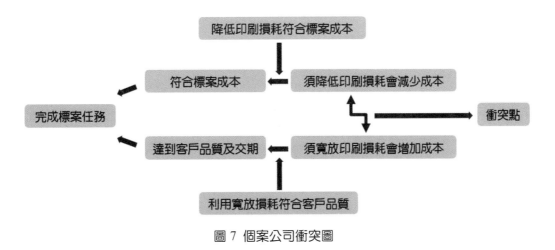

圖 7　個案公司衝突圖

　　個案衝突圖解決方案探討：依照衝突圖的繪製我們可以收斂個案中面臨的問

題，後續針對假設 1 及假設 2 進行探討：

假設 1：

　　可解決成本及品質的問題，只剩有效產出不足，可利用 IE 的改善方案進行產能提升，以滿足交期。

假設 2：

　　可解決交期及品質的問題，但長期以來將無法提升公司整體的品質水準且成本居高不下，對於工廠長期生產成本競爭力並沒有幫助。

結論：

　　故依此個案衝突圖兩個假設的分析，可精確的描述衝突所在然後才能進一步的針對衝突找出方法，我們很快地可以做出生產決策方向朝假設 1 的作法進行，在改善品質的前提下(先想辦法降低印刷的損耗)，有效產能不足的部分可利用 IE 的 ECRS 改善手法進行提升，除可達到標案之最終的目標並可間接的帶動工廠產品品質於市場的差異化提升競爭力。

(三)請計算個案中表3及表4，生產線平衡率及平衡損失率？

　　生產線平衡(line balancing)[15]：是指在最少的工作站下將工作分配到每個工作站上使其能夠達到期望產出率的工作指派，生產線平衡主要包括生產線平衡的相關定義、生產線平衡的意義、生產線平衡率的計算。

1.「節拍」、「瓶頸」、「空閒時間」、「生產線平衡」的定義

　　流程的「節拍」(Cycle time)是指連續完成相同的兩個產品(或兩次服務，或兩批產品)之間的間隔時間。換句話說，即指完成一個產品所需的平均時間。節拍通常只是用於定義一個流程中某一具體工序或環節的單位產出時間。如果產品必須是成批製作的，則節拍指兩批產品之間的間隔時間。在流程設計中，如果預先給定了一個流程每天(或其它單位時間段)必須的產出，首先需要考慮的是流程的節拍。

　　而通常把一個流程中生產節拍最慢的環節叫做瓶頸。流程中存在的瓶頸不僅限制了一個流程的產出速度，而且影響了其它環節生產能力的發揮。與節拍和瓶頸相關聯的另一個概念是流程中的「空閒時間」(idle time)。空閒時間是指工作時間內沒有執行有效工作任務的那段時間，可以指設備或人的時間。當一個流程中各個工序的節拍不一致時，瓶頸工序以外的其它工序就會產生空閒時間。這就需要對生產工藝進行平衡。

2.生產線平衡率的計算

　　要衡量生產線總平衡狀態的好壞，我們必須設定一個定量值來表示，即生產線平衡率或平衡損失率。雖然各工序的工序時間長短不同，但如前所述，真正決定生產線的作業周期的工序時間只有一個，即最長工序時間 Pitch time，也就是說 Pitch time 等於節拍(cycle time)。另外一種計算方法同樣可以得到 cycle time，即由每小時平均產量，求得一個產品的 CT(Q，每小時產量)。

(1)生產線的平衡計算公式

　　平衡率＝(各工序時間總和 /(工位數*CT))*100=($\sum$ti /(工位數*CT))*100

(2)生產線的平衡損失率計算公式

　　平衡損失率＝1 -平衡率

　　針對個案資料中我們可以找出現況生產線產能資料如表 9：

表 9 現況生產線產能表

編號	工作站	現有作業人力	標準工時(秒)	總工時	工作站產能(480 分/日)	A 級標準有效產出(20%損耗)	B 級標準有效產出(8%損耗)
1	印刷作業	2	13	25	27,360		
2	印刷檢驗	2	30	60	**11,520**	**9,216**	**10,598**
3	除塵	1	24	24	14,400		
4	燙貼作業	1	28	28	12,480		
5	貼合作業	1	28	28	12,480		
6	裁切作業	1	18	18	38,400		
7	品檢作業	5	12	60	12,000		
8	個人化作業	2	5	10	12,000		

工作站產能計算說明：

　　第1-5 工作站因其產出單位為片(印刷材料每片有24 pcs)，且卡片有正反兩面，故其工作站產能公式為：

　　【每日投入工時 / (標準工時*2(正反兩面))】*24(每片單位為 24 pcs)

　　以第 2 工作站為例，其每日產出(8 小時)計算為：

　　(8*60*60)/(30*2*24)=11,520 pcs

生產線平衡率及平衡損失率計算說明：

1. 加總八個工站之標準工時

2. 並找出瓶頸工站

3.套用平衡率公式即可算出現況之平衡率及平衡損失率

　　工作站數：8 站。

　　CT(第 2 工站瓶頸站之標準工時)：30 秒。

　　平衡率　=((13+30+24+28+28+18+12+5)/(8*30))*100 = 66%。

　　平衡損失率　= 1 - 66% = 34%。

　　針對個案資料中，我們可以由第三工站加入修補工序生產線的日產能資料如表 10。

表 10　第三工站加入修補工序生產線的產能資料

編號	工作站	現有作業人力	標準工時(秒)	總工時	工作站產能(480 分/日)	A 級標準有效產出(9%損耗)	B 級標準有效產出(2%損耗)
1	印刷作業	2	13	25	27,360		
2	印刷檢驗	2	30	60	11,520		
3	**除塵+修補**	1	60	60	**5,760**	**5,242**	**5,645**
4	燙貼作業	1	28	28	12,480		
5	貼合作業	1	28	28	12,480		
6	裁切作業	1	18	18	38,400		
7	品檢作業	5	**6**	30	24,000		
8	個人化作業	2	5	10	12,000		

此時生產線平衡率及平衡損失率計算說明：

1. 加總八個工站之標準工時

2. 並找出瓶頸工站

3. 套用平衡率公式即可算出現況之平衡率及平衡損失率

　　工作站數：8 站。

　　CT(第 3 工站瓶頸站之標準工時)：60 秒。

　　平衡率　=((13+30+60+28+28+18+6+5)/(8*60))*100 = 39%。

　　平衡損失率　= 1 - 39% = 61%。

結論：

　　透過算出平衡損失率後我們可以瞭解生產工站中真正主要的瓶頸工站，並利用 ECRS 的相關手法將平衡損失率降至最低，個案中原現況的平衡損失率為 34%，但為提升產品品質加入了修補工序導致損失率升至 61%。工廠中最終理想的損失率應能控制在 15%以下，後續可朝生產一個流的目標前進。

(四)如何利用生產線平衡改善方法，在總人力資源不增加情況下，達到其目標有效產出為至少10,000 pcs/日以上？

個案中利用生產線平衡改善方法中 ECRS 中的合併方式及人力調撥，將加入修補後有效產出為 5,760 pcs/日。在人力資源不增加情況下，達到其目標有效產出為至少 10,000 pcs/日以上，按生產線平衡分析改善六個步驟進行：

1.分析對象的設定：

針對個案中因第 3 站增加修補工序後，日產能無法達到 10,000 pcs，如表 11 之生產線進行分析。

表 11　第 3 站增加修補工序後日產能表

編號	工作站	標準工時(秒)	總工時	工作站產能(480 分/日)
1	1. 印刷作業	13	25	27,360
2	2. 印刷檢驗	30	60	11,520
3	3. 除塵+修補	60	60	5,760
4	4. 燙貼作業	28	28	12,480
5	5. 貼合作業	28	28	12,480
6	6. 裁切作業	18	18	38,400
7	7. 品檢作業	6	30	24,000
8	8. 個人化作業	5	10	12,000

2.設定目標生產週期時間＝生產線的可能工作時間 / 生產數量。

(1)工作站日產能說明：

第 1-5 工作站因其產出單位為片(印刷材料每片有24 pcs)，且卡片有正反兩面，故其工作站產能公式為：

【每日投入工時 /(標準工時*2(正反兩面))】*24(每片單位為 24pcs)

以第 3 工作站為例，其每日產出(8 小時)計算為：

(8*60*60)/ (60*2)*24 = 5,760 pcs。

(2)目標生產數量：

考慮有 10%的損耗故日產能目標需達 11,000 pcs(10,000*1.1)，故以第 3 工站之瓶頸站計算，其應產出 11,000 / 24(每片有 24 張卡片)*2(正反兩面)= 917 片。

(3)故設定目標生產週期時間＝8*60*60 / 917(片)= 31.4 秒……生產線之瓶頸工站 CT 需小於 31.4 秒，才能使有效產能達 10,000 pcs 以上。

3. 展開做成各作業之標準工時時間表，如表 12

表 12 標準工時時間表

編號	工作站	現有作業人力	標準工時(秒)
1	1. 印刷作業	2	13
2	2. 印刷檢驗	2	30
3	**3. 除塵+修補**	1	60
4	4. 燙貼作業	1	28
5	5. 貼合作業	1	28
6	6. 裁切作業	1	18
7	7. 品檢作業	5	**6**
8	8. 個人化作業	2	5

4. 做成各工站標準工時作業時間之平衡條形圖，如圖 8 找出瓶頸工站。

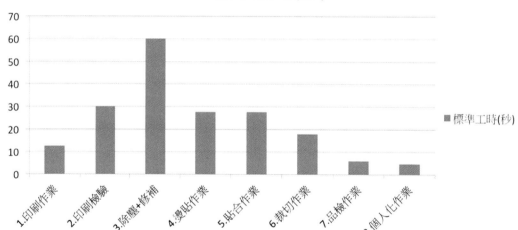

圖 8 作業時間之平衡條形圖

從圖 8 中我們很明顯發現第 3 工站其標準工時為 60 秒，高於我們設定的目標需小於 31.4 秒，我們必須要針對此瓶頸工站做必要的調整。

5. 生產線平衡效率評估計算：

工作站數：8 站。

CT(第 3 工站瓶頸站之標準工時)：60 秒。

平衡率 =((13+30+60+28+28+18+6+5)/(8*60))*100 = 39%。

平衡損失率 = 1 - 39% = 61%。

按照產線平衡率進行計算發現平衡損失率達 61%代表此系統存在著極度不平衡的現象。

6.進行生產線平衡改善分析：

(1)按標準工時圖表，我們發現 7、8 工站標準工時接近且遠低於設定目標生產週期 31.4 秒，可以利用 ECRS 中的合併將第 7 及第 8 工站進行合併成為第 7 工站，標準工時合併為 12 秒，人數由 7 名作業員降為 5 名作業員，2 名進行修補工序多能工訓練，完成訓練後其中 1 名調至第 3 瓶頸工站，另一名人力為第 3 瓶頸工站備用人力以保護瓶頸工站。

(2)我們發現第 3 工站明顯標準工時高於其他工站，我們必須增派人力進行工時平衡，增加了 1 名人力(由第 7、8 工站減少人力完成多能工訓練後遞補)使其標準工時趨於平衡，瓶頸標準工時由 60 秒降至 31 秒，小於設定的目標生產週期時間 31.4 秒。

(3)依據上述(1)、(2)步驟調整改善，改善後作業人力與日產能如表 13。

表 13　人力改善後日產能表

編號	工作站	現有作業人力	改善作業人力	標準工時(秒)	總工時	工作站產能(480分/日)	A 級標準有效產出(9%損耗)	B 級標準有效產出(2%損耗)
1	印刷作業	2	2	13	25	27,360		
2	印刷檢驗	2	2	30	60	11,520		
3	除塵+修補	1	2	31	31	11,148	10,145	10,925
4	燙貼作業	1	1	28	28	12,480		
5	貼合作業	1	1	28	28	12,480		
6	裁切作業	1	1	18	18	38,400		
7	品檢加個人化作業	7	5	12	30	24,000		

(4) 算出人力改善後之生產線平衡率及平衡損失率

工作站數：7 站。

CT(第 3 工站瓶頸站之標準工時)：31 秒。

平衡率　=((13+30+31+28+28+18+12)/(7*31))*100 = 74%。

平衡損失率　= 1 - 74% = 26%。

調整後平衡率由 39%提升至 74%，有效產能也達預期目標 10,145 pcs/日。

結論：將現況與改善後之作業人力和生產線平衡之比較如表 14。

表 14 改善前後人力和生產線平衡之比較表

工作站	1.印刷作業	2.印刷檢驗	3.除塵+修補	4.燙貼作業	5.貼合作業	6.裁切作業	7.品檢加個人	合計
	機器工時	人工工時	人工工時	人工工時	機器工時	機器工時	人工工時	
現況瓶頸標準工時(秒)	13	30	60	28	28	18	11	
改善後瓶頸標準工時(秒)	13	30	31	28	28	18	12	
現有作業人力	2	2	1	1	1	1	7	15
改善後作業人力	2	2	2	1	1	1	5	14
改善後減少作業人力	0	0	-1	0	0	0	2	1
現況生產線平衡損失	78%	50%	0%	53%	53%	70%	82%	387%
改善後生產線平衡損失	58%	3%	0%	10%	10%	42%	61%	184%
改善後減少生產線平衡損失	20%	47%	0%	44%	44%	28%	20%	203%

(五)請分析個案中對品質管理相對於二維品質(KANO模型)中的管理意義為何？

KANO 模型二維品質的定義[4][10][11]：

一般來說客戶對於產品品質要素的滿意度跟該品質所具備的程度有關，如圖 9 以橫坐標表示品質要素具備的程度，以縱座標表示顧客滿意的高低，狩野紀昭利用這兩個座標的相對品質要素分為四類：

1. 魅力品質(Attractive)：

該品質要素未具備時顧客亦不會感到不滿意，但如具備時則客戶則會以指數方式增加滿意度。

2. 一元化品質(one-dimensional)：

顧客滿意度隨品質要素得具備程度呈等比例的增加，具備程度越高則顧客越滿意；反之具備程度越低則顧客越不滿意。

3. 當然品質(Must be)：

該品質要素未具備時顧客會不滿意，但如果具備時顧客也會認為它是必須的

所以滿意度的增加是非常有限的。

4.無差異品質(Indifference)：

不論該品質要素是否具備都不會對顧客的滿意度產生顯著的影響。

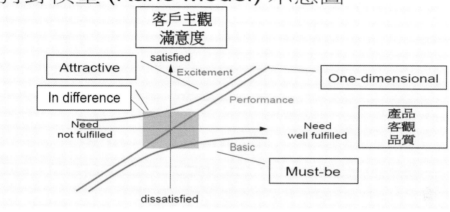

圖 9 狩野模型

個案公司長期以來對未定義的市場品質，分析市場需求客觀訂定了 ABC 三級標準，長期生產管理上為維持成本控制，依 B 級標準(當然品質)進行生產品質的維持，但因標案的品質要求衝擊而改善了 B 級標準(當然品質)的產品往 A 級標準(魅力品質)產品的品質提高，以戴明博士學說提到：「僅以客戶滿意(當然品質)的目標是不夠的，你必須超越客戶的期望(魅力品質)進而增進你的信譽贏取未來的生意」。

六、 教學建議

　　建議以 120 分鐘做為本個案的課程規劃。請參照表 15 個案流程安排。然而所有的個案都有其獨特性與複雜性，因此不同的個案也會有不同的情境。

表 15　個案流程安排

學習目標	製造業如何取得品質與效率的平衡	時間	120 分鐘
課程名稱	內容	管理理論	時間
課前研討	個案內容討論。	—	50 分鐘
個案介紹	個案背景簡介	—	10 分鐘
個案分析	A.請分析個案如何利用 TOC 五大核心步驟(Five Focusing Steps)持續改善的程序解決生產瓶頸？	生產作業管理	50 分鐘
	B.分析個案中目標-決策的衝突，請針對內文所提的衝突繪製衝突圖，並探討衝突圖中假設作法訂出最佳的生產決策。	衝突管理	
	C.請計算個案中表 3 及表 4，生產線平衡率及平衡損失率？	生產作業管理	
	D.如表 4，如何利用生產線平衡改善方法，在總人力資源不增加情況下，達到其目標有效產出為至少 10,000 pcs/日以上？	生產作業管理	
	F.請分析個案中對品質管理相對於二維品質(KANO 模型)中的管理意義為何？	品質管理	
結論	請老師對於個案總結與建議。		10 分鐘

七、 板書

　　本個案需要六大區塊的黑板(最好可搭配電動黑板，也可反覆使用單一黑板)，主板在於討論案例的概況與主要問題。

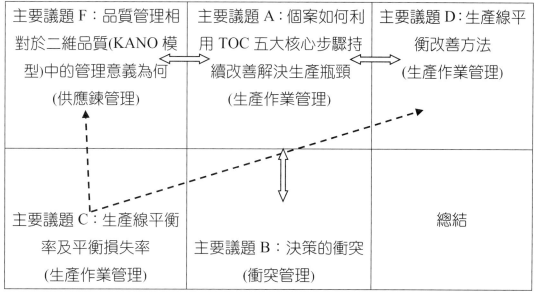

主要議題 F：品質管理相對於二維品質(KANO 模型)中的管理意義為何 (供應鍊管理)	主要議題 A：個案如何利用 TOC 五大核心步驟持續改善解決生產瓶頸 (生產作業管理)	主要議題 D：生產線平衡改善方法 (生產作業管理)
主要議題 C：生產線平衡率及平衡損失率 (生產作業管理)	主要議題 B：決策的衝突 (衝突管理)	總結

圖 10 板書排版

　　各個主要議題進行探討時，可讓學生討論發言，老師可利用版書來整理與帶出相關議題。最後，配合主要議題 B 來討論因應策略與其影響，進而讓學生思考。

參、參考文獻

1. 高得拉特(Eliyahu M.Goldratt)、科克斯(Jeff Cox)著，2006 目標：簡單有效的常識管理，齊若蘭譯，遠見天下文化出版。

2. 高得拉特(Eliyahu M.Goldratt)著，2002，絕對不是靠運氣：創造事業與人生的雙贏，周怜利譯，遠見天下文化出版。

3. Scherkenbach 著，1996，戴明修練 I，鐘漢清譯華人戴明學院。

4. 楊錦洲著，2009，服務品質：從學理到應用，華泰文化。

5. 全員 IE 改善手冊 楊鐵城，蔡銘裕，林松茂，陳盈谷編撰，2014，中國生產力中心。

6. Lee J. Krajewski, Larry P. Ritzman, Manoj K.Malhotra 著，1996，生產與作業管理程序與供應鏈，白滌清譯

7. 許安慶，2001，以複雜性科學論析智慧卡產業的發展及策略模式-以建置墾丁 e 卡為例，國立中山大學企管研究所碩士論文。

8. 吳仁貴，2014，智慧卡企業競爭策略之個案研究，國立台灣科技大學財務金融

所在職專班碩士論文。

9. 宏通數碼科技股份有限公司網站，http://www.foongtone.com.tw/。

10. David 編撰，2008，狩野模型(Kano Model)與魅力品質創造，科技產業資訊室 -- http://cdnet.stpi.org.tw/techroom/analysis/2008/pat_08_A003.htm

11. 中衛中心功能技術部著，2010，藍海品質之路，財團法人中衛發展中心。

12. MBA 智庫百科網站，約束理論 ， http://wiki.mbalib.com/zh-tw/%E7%BA%A6%E6%9D%9F%E7%90%86%E8%AE%BA

13. 工程訓練示範中心網站，約束理論， http://etc.gdut.edu.cn/source/amt/PART6/lesson-16-lp/hfl1.ie.fcu.edu.tw/nii/toc_introduction.htm

14. 中國生產力中心網站，生產現場改善－生產線平衡改善， http://www.cpc.org.tw/consultancy/article/781

15. 台灣 Wiki 網站，生產線平衡， http://www.twwiki.com/wiki/%E7%94%9F%E7%94%A2%E7%B7%9A

16. MBA 智庫百科網站，ECRS， http://wiki.mbalib.com/zh-tw/ECRS%E5%88%86%E6%9E%90%E5%8E%9F%E5%88%99

17. 《經理人月刊》編輯部李易諭教授，2007/01 品質管理， http://www.managertoday.com.tw/articles/view/649

從氣爆事件探討地下管線的自主安全管理

張建華[1]、紀佳芬[2]

摘要

　　高雄為臺灣最重要的工業核心之一，包括鋼鐵產業、石化工業均集中於此，油料已經地底下埋管輸送多年，地下管線敷設幅員較廣，受到檢測方法及技術的限制，設備安全的不確定因素相對較高，造成地下管線安全管理的困難度也相對增加。油氣具有易揮發、易燃易爆等特點，若因地下管線之設計不當、管線腐蝕、外力破壞等因素，極有可能發生洩漏之工安事故。2014 年 7 月 31 日深夜氣爆事故，引爆國內石化管線潛藏高雄地底下多年卻無人管理的爭議，各界開始關注地下管線的管理與安全性問題。因此，本個案藉由探討發生在高雄市管線洩漏爆炸的地下管線事故，系統化審視檢討現有地下輸油管線的管理制度，透過魚骨分析圖進行管線事故的要因分析與風險辨識，藉由骨牌效應與起司理論探討意外事故的潛伏原因，並對地下管線事故的各項要因評估其發生機率與影響後果，最後再逐一整理歸納整理成風險管理檢核表，提出管線管理及災害的應變對策，期能作為後續營運操作、檢測維修、風險管理、稽查與自主管理的依據，達到減少管線工安事故，降低災害損失的目的。本論文雖以 A 公司為例，但上述所列舉的要因分析與風險辨識、骨牌效應與起司理論，災害防止對策的擬定，以及風險管理的模式，都能作為其他公司的參考應用以有效推動自主風險管理。

關鍵詞：石化工業、要因分析、起司理論、風險管理

壹、個案本文

　　高雄為臺灣工業的重要核心，具備優越的地理位置及海港先天優勢，使得石化業者基於油品依賴港口轉儲之特性，不得不建廠於該地；依據 100 年工商及服務業普查資料觀察，高雄市石化產業廠商家數為 142 家(占全國石化業 1,000 家之

---

[1] 國立臺灣科技大學工業管理系 EMBA。
[2] 國立臺灣科技大學工業管理系特聘教授。

14.20%)、從業員工人數為 12,837 人(占全國石化業 49,598 人之 25.9%)、生產總額約 4,422 億元(占全國石化業 1 兆 8,060 億元之 24.49%)，由此可知高雄石化業的存續確實牽動及影響臺灣的經濟發展；近年來由於國內發生多起石化工安事故，民眾環保意識高漲，導致石化相關產業投資環境日益艱困，投資設廠頻頻受挫，產能難以再擴充，甚至面臨遷廠壓力，諸多因素，使得石化產業未來發展面臨前所未有的困境。

　　A 公司從事石化品進出口之輸儲與銷售產品供應，公司成立近 40 年，其所進口之石化品多依賴以地下線管線輸送到客戶指定的工廠；Frank 在公司從事石化品輸儲專案管理工作近 20 年，他深知地下管線擔負運送石化品的重任及石化品經由地下管線輸儲之危險性，為使公司石化品能順暢供應至全台，地下管線輸送石化品之安全管理至為重要。

　　2014 年 8 月是個艱難的夏天，因為就在公司董事會開始前，總經理 Tony 憂心不已，臉上愁容及坐立不安，嚴肅思考如何面對媒體及公司董事解決內部地下管線安全管理問題，Tony 憂心忡忡地拿起電話請副總經理 Eric 及資深專案經理 Frank 到自己的辦公室，因為就在 3 天前高雄發生了嚴重的地下管線氣爆案，越來越多的新聞矛頭及媒體工作者，影射自己所的公司需對該地下管線氣爆案負起部分責任；Tony 心裡想著：「這個問題難以一次性解決……」需立即召開緊急會議、完成調查分析才能對外澄清發布結果，如果自己的公司真的有涉責或有類似管理問題，該如何經營下去，公司的存續又如何？他也懷疑「公司已訂有管線管理制度，員工依制度執行操作多年，所遇到的管線氣爆問題，真正原因又為何？」特別是這次的管線氣爆肯定不會是最後一件。除要儘速查明氣爆事件原因之外，還要全力關注及解決日後管線的管理運作，以防止類似事故再發生。

一、歷史重演

　　多年前在另一城市也曾發生地下管線氣爆，威力如同地震般，造成住戶門窗粉碎、汽機車毀損、多戶民宅陷入一片火海，多人無家可歸，幸無人死亡，堪稱不幸中的大幸；管線氣爆的事故地點經開挖驗證找到了管線破裂處，確定某油公司輸送油品之地下管線破裂為肇事原因。「輸油管線被排水箱涵包住，以致管線受到污水長期沖刷與侵蝕而生鏽破裂，發生破裂漏油，且因漏油發生在排水幹管內，故油氣蔓延到各排水口而起火燃燒」。事故發生後，B 油公司於一個月完成了地下管線之檢查，另當時政府機關亦請各縣市政府協助清查有無類似之排水箱涵

與油氣管線相交錯情事」。

　　高雄所發的氣爆事件幾乎是另一城市已發生管線氣爆案的翻版。2014 年 7 月 31 日事故發生當日，高雄市政府消防局接獲通報趕到現場，發現現場的水溝冒白煙，疑似瓦斯味，隨後水溝蓋爆開，因未及時切斷地下管線輸送中之石化品，致發生嚴重氣爆，個案發生的時間軸如表 1。

表 1　個案發生時間軸(參考監察院公報)

2014 年 7 月 31 日	
20：46	C 公司運送丙烯之 4 吋地下管線出現破損，穿越高雄市前鎮區凱旋三路、二聖路口上開箱涵處管線腐蝕管壁減薄而無法負荷輸送管內之壓力,出現破損，以致液態丙烯急速外洩並於瞬間氣化，並沿下水道箱涵四處擴散。
20：46	高雄市政府消防局分接獲民眾報案前鎮區凱旋三路和二聖一路口水溝冒白煙，疑似瓦斯味。
20：50	現場指揮中心多次聯絡瓦斯公司，未將瓦斯自洩漏源排除。
20：50	C 公司值班操作員 DCS 控制台發現流量計卻出現雙雙歸零之異常現象。約 5 分鐘後 C 公司撥打電話給 D 公司反應收不到丙烯。
21：40	D 公司與 C 公司聯繫，討論應進行「保壓測試」以檢查輸送丙烯之地下管線有無丙烯洩漏。進行保壓測試。
21：40	靜置約 30 分鐘，保壓測試檢測結果正常，C 公司通知 D 公司丙烯儲存槽已達低液位，必須儘速再次供應丙烯。
21：46	高雄市政府通知南區毒災應變隊到場。
23：20	高雄市政府工務局以平板電腦查詢公共管線資料庫圖資確認無欣高瓦斯公司瓦斯管線通過。
23：23	D 公司領班上班途中，行經高雄市前鎮區班超路、凱旋路口，聞到丙烯外洩味道因該路口接近前揭地下管線行經之處，懷疑可能係 D 公司所輸送之丙烯外洩，遂立即趕往 D 公司華運公司前鎮廠。
23：33	D 公司表示輸送丙烯管線洩漏，要求停止運送丙烯，23：35 停止丙烯輸送。
23：35	南區毒災應變隊於以檢知管測得烯類氣體後，始將瓦斯自洩漏源排除，期間已耗費逾 2 個半小時之久，高雄市政府消防局 23：40 左右從南區毒災應變隊採樣現場得知有烯類氣體。
23：56	氣爆大規模發生。

二、緊急會議討論

　　副總經理 Eric 及 Frank 接到總經理通知後，一起至總經理辦公室，3 人心事重重坐下，於討論過程中，Frank 引用美國工安專家韓笠奇(H.W.Heinrich)的骨牌理論，進一步向 Tony 及 Eric 分析事故原因；Frank 說「通常事故發生並非單一原因所造成，且多數屬於連鎖性的失誤，如同骨牌一般環環相扣，任一張骨牌倒下都有可能發生意外事故，若能將其中一張骨牌除去，應可有效防止災害的發生」，其中事故發生之主因源自於操作人員不安全的行為與環境、個人的過失或疏忽；Frank 因此向 Tony 及 Eric 建議成立管線專案調查小組，加強各部門管線作業自主管理與稽查作業，落實執行管線操作之作業程序更是重點所在。

三、成立專案小組展開調查

　　Tony 及 Eric 接受了 Frank 的建議，於 2014 年 8 月 8 日高雄氣爆發生事故後幾天，召集了公司內主管討論，提出改革的決心，並要求副總經理 Eric 邀公司內具有管線管理經驗的人員組成專案小組，檢討公司內部管線作業與管理機制是否完善，並立即請各部門於月底前完成清查公司內是否可能會發生類似事故。2014 年 9 月專案小組完成調查過去幾年公司所發生的地下油管事故(如表 2)，調查結果顯示，過去公司亦曾發生類似管線事故，雖事故規模較小，但有可能發生類似高雄管線氣爆之重大事故，這說法，引起 Tony、Eric 及專案小組極大的震撼，Tony 擔心如未即時導正管線的管理作為，後果可能很嚴重。調查結果顯示如下：

表 2 管線事故統計

事故統計時間：100 年 1 月~104 年 9 月				
年度	101	102	103	104
件數	1	10	5	10

　　Frank 調查報告提及，公司內的管線事故發生原因，包含腐蝕洩漏、外力破壞、自行施工不慎及巡管作業不確實。另外 Frank 也發現過往公司內的管線事故，也有些是因為其他業者所從事的道路工程施工界面沒有整合好，業者未於施工前召集各相關管線管理單位研商施工步驟，讓管線沿著箱涵走或將其包覆其中，致管線發生大小事故不斷。

　　專案小組成員內心似乎有些隱憂，其中服務於北部分公司的 Kevin 經理質疑：「公司的管線管理制度自 2006 年後，已多年未檢討及修正了，不易瞭解長年埋設

於地下的輸油管線內外部的腐蝕情形，既有的地下管線檢測作業是否能即時提出預警也是個隱憂，是否還有其他可行方法，以確保油管輸送安全？或提出可行性的評估方式，將地下管線輸送油料之風險減至最低？」專案小組所有成員似乎也感受到公司在管線管理作為上，似乎還缺少些元素，因此大夥有了危機意識。

四、清查管線管理制度與稽查機制

(一)清查管理制度完整性
　　2014 年 12 月，Tony 下決心清查管理制度及檢討稽查機制，並於公司主管會議要求各管線管理單位於 2015 年 1 月完成檢視公司既有的管線管理制度及管線檢查機制是否完整；另於 2015 年 1 月底，Frank 與 Kevin 組成了管線稽查小組，稽查了公司一間位於北部的傑昇工廠，該工廠 2014 年曾發生管線事故，負責人 Daniel 因過去績效表現良好，最近才由總公司的採購部門升任，主導公司北部油品轉儲，於稽查過程中，Frank 與 Kevin 發現了傑昇工廠內潛在的管線管理危機，其中包含 Daniel、現場主管及部份巡管操作員不熟悉管線管理機制及欠缺管線管理實務經驗，致未能落實依管線管理機制執行巡管作業等，實地訪查也顯示，Daniel 似乎只著重營運績效而未關心管線作業安全，未能督導員工落實對於管線安全的各項管理作業，且工廠內管線管理之操作程序已逾 8 年未檢視或修正；傑昇工廠在管線管理制度面及執行面仍有許多問題待解決。

(二)稽查傑昇工廠管線管理制度所發現的缺失
1.未定期檢測管線安全，無法知道地下管線腐蝕情況
2.主管未建立有效的覆核機制
3.主管未對員工宣導管線事故及教育訓練，以防範事故再發生
4.未實際做防範管線事故之緊急應變演練

五、管理者的憂心

　　2015 年 2 月，Tony 於主管會議前看完了傑昇工廠管線管理稽查報告後，Tony 生氣的批了意見「如只依賴稽查行動，並不能確保管線管理單位能落實管線自主管理，如果沒有有效的管理方法，並不能絕對保證事故不會再發生…」，2 月底，他於主管會議中提出「應由主管自身再教育做起，任何負責管線管理的主管都應於就任前先學習管線事故，讓管線操作風險降至為零，你們都是公司內部管線管

理的專家，應有能力積極幫助所屬各部門檢視管線安全管理的工序和流程，敦促遵守規範，並落實與執行管線零事故，所以要儘可能找出不安全的管線，讓每一個人都擔負起各自的安全責任」，會議中 Tony 並要求 Frank 提出管線管理的變革計畫，目標為落實各部門管線的自主管理。

　　Frank 認為 Tony 所給予的工作及責任，對於自己及公司而言是一個非常大的挑戰，他深知，制度建立算是容易，但人的行為管理是最困難的事，另管線管理會隨時間不斷發生變化，對使用中的管線需考量風險因素及加以識別，分別制定各主要風險及相對應的風險控制對策，從而將管線的風險水準控制在合理的、可接受的範圍內，同時建立透過監測、檢測、檢驗等方式，獲取管線管理的資訊，管控可能使管線失效的主要風險因素，最終達到持續改進、減少和預防管線事故，合理地保證管線輸送安全的目的。

六、管線管理的變革計畫

　　2015 年 3 月，Frank 及專案小組成員奉總經理之命，開始討論管線管理的變革計畫，再一次檢視分析公司過往管線事故的發生原因，並結合風險管理觀念及成員的實務經驗，獲致以下初步想法：

(一)公司應建立風險管理運作體系，考量風險辨識、風險分析與評量、風險處理、溝通與協商、監督與檢討等要素，綜合評估風險，並積極處理管線的風險。

(二)管線事故特性要因分析

　　Frank 認為，專案小組成員需對事故先有一定程度的瞭解，再以腦力激盪方式，提出各管線事故發生原因，將各事故根本原因進行歸類、整理，討論，並加以歸納分類後，再由專案小組成員以稽查傑昇工廠方式進行實務驗證，Daniel 及工廠的資深安全經理 Ting 非常贊成這種實務驗證作法，並表示願意配合，Ting 並提出了過去工廠內曾發生管線事故案例及解決問題的方法作為佐證，因此邀請有實務經驗的 Ting 加入專案小組，充分交換管線實務操作經驗，一起討論管線管理的變革計畫。專案小組以風險管理的角度對管線事故進行風險分析，再提出解決問題的方式。

七、界定主要風險提出解決問題方式

　　2015年3月Frank與專案小組提出管線管理的PDCA戴明循環，包含管線完整性建議及管線自主管理的建議，說明如下：

(一) 管線管理的 PDCA 戴明循環

　　Frank 相信藉由採行如圖 1 所示的 PDCA 管理模式，藉由稽核以確保所建立之管線管理制度符合規範，發現改善機會並決定投入資源項目，以達到持續改善的目的。

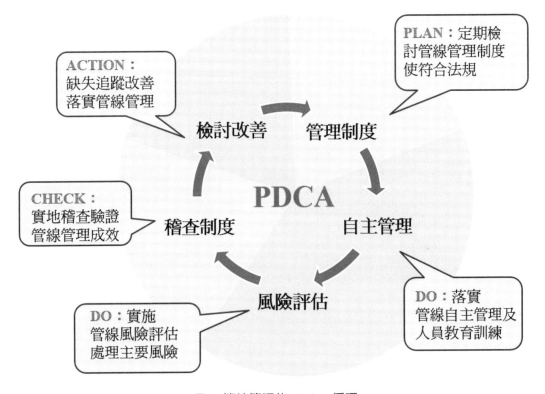

圖 1　管線管理的 PDCA　循環

(二) 管線自主管理

　　落實管線自主管理，由各部門自己發掘問題，檢討問題，持續不斷改善，達到預防管線發生事故的目的，如表 3 說明：

表 3 管線自主管理的模式

管理模式	解決方式
管理制度	定期檢討管線管理制度以符合法規 1. 評估內部控制制度是否妥適、持續有效。 2. 清查盤點管線與風險管理，確保油品輸送安全無虞。 3. 落實巡管檢查、陰極防蝕檢查、緊密電位量測的標準作業程序。 4. 建立緊急應變機制與緊急應變，並保有紀錄。

自主管理	落實管線自主管理及人員教育訓練
	1. 教育訓練及宣導。
	2. 定期或不定期邀請各轄區管線操作管理及維護單位進行研討會議。
	3. 主管利用分級查核及走動管理等方式積極參與所屬部門自主管線管理
	  (如腐蝕檢測、巡管路徑管理、線上偵測管壓流量、落實管線管理 SOP
	  等)。

風險評估	實施管線風險評估處理主要風險 1. 提供制式化風險評估檔案，以統一風險評估模式。 2. 擬定主要風險提出改善對策。 3. 依風險評估結果，提出有效的檢測作業。
稽查制度	實地稽查驗證管線自主管理成效 1. 落實執行巡管、查核巡管、會勘、施工駐守等相關規定。 2. 管線變更(改用、停用、復用、廢用及遷改管)處理情形。 3. 管位偵測器、管線回位系統(GPS)、管位開挖驗證作業情形。 4. 管線陰極防蝕系統檢測情形。 5. 緊密電位檢測及異常點處理。 6. 管線風險評估計畫與執行情形。
檢討改善	缺失追蹤改善 1. 落實稽查制度與管線的 PDCA 循環。 2. 實地查核時與受查單位溝通協調，確保持續改善。 3. 落實執行巡管、查核巡管、會勘、施工駐守等相關規定。

八、危機再起

　　2015年3月8日Tony聽完了Frank與專案小組完成了管線管理變革計劃簡報，心裡想著「過去所採取的措施能否讓我們達到管線管理安全的目標？還是該換個視角。」回到他辦公室的時候，電話鈴正響著，是 Eric 打來的：

Eric　：Tony，你看見剛才我給你的傳真了嗎？

Tony：沒有，我剛進辦公室。發生什事？

Eric　：北部單位，我們的輸油管線疑似破裂發生漏油了，地方主管機關已處分罰款並要求限期改善，此事需要當面向您報告。可以邀 Frank 一起去嗎？

Tony：(輕嘆一聲)好的，趕快一起來。

Eric ：10 點見。

Tony：找到了那份傳真文件，他的臉上表露了極不開心，並掛著一絲憂慮。

九、結論

　　美國工業安全理論先驅 Heinrich(1959)在「工業意外事故防範」(industrial accidents prevention)中提出「骨牌理論」，認為意外事故是由一連串的事件，按一定的邏輯秩序發生，絕非偶然。Heinrich 採用保險公司檔案資料分析發現意外事故發生的原因，有 88%來自不安全的行為，有 10%來自不安全環境，只有 2 %屬於無法避免的危險，由此可知，人的行為模式對企業落實執行安全管理而言，至為關鍵。因此，公司或許有好的管線管理制度，然而，如何透過人性化的管理方式，理解員工的訓練需求，讓員工採用安全的作業方式，或是該實施強制性懲罰(如杜邦公司)，達到企業所要求的安全目標，有待驗證。

　　高雄是石化產業重地，各業者藉由地下管線輸送油料已實施多年，此次高雄氣爆事件只是凸顯地下管線安全管理問題，專案經理 Frank 擁有多年的管線管理經驗，提出 PDCA 循環架構的風險管理模式，並經由稽查制度驗證落實程度，檢討改善追蹤專案小組所提出之改善措施不一定能為公司徹底解決所有管線管理問題，終究安全管理的成功與否主要取決於人的行為管理與控制。

十、問題討論

(一) 請問本個案氣爆災害的發生原因？

(二) 請討論個案企業所面臨的風險？如何將找出的風險因子控制在合理的、可接受的範圍內？

(三) 請藉由本個案，討論 SOP 與事故發生之關聯性，及如何制定與落實 SOP？

(四) 如何預防類似氣爆意外事故的發生？

貳、個案討論

一、個案背景

　　高雄為臺灣工業的重要核心，具備優越的地理位置及海港先天優勢，各石化業者基於油品依賴港口轉儲之特性，不得不建廠於此；個案中的 A 公司從事油品進出口事業，其所進口之油品多依賴地下線管線輸送到指定的客戶工廠；專案經

理 Frank 在公司從事油品輸儲工作多年，深知油品經由地下管線輸儲之危險性，為減少管線事故的發生，使公司油品能順暢足量供應至全台各個角落，地下管線輸送油品之安全管理至為重要；Frank 及專案小組提出了管線管理的變革作為，是否能對症下藥，解決管理盲點？藉由找出管線事故要因及運用風險管理模式是否能為公司化解管線管理的危機？

二、教學目標與適用課程

本個案所涉及的管理教材包括：從骨牌理論探討意外事故的根本原因、工安事件的不安全行為與不安全環境、風險自主管理制度建立與落實等，如表 4 所述：

表 4 教學目標

適用課程名稱	課程內容	教學方式
(1) 骨牌理論	藉由 Heinrich 的骨牌理論及 James Reason 起司理論，引導出個案有關的管理議題，找出事故的根本原因。	(1) 參與式學習 (2) 小組討論
(2) 預防 不安全行為	職業災害的重要根本原因是不安全行為，可以學習到如何透過勞工的教育訓練與安全行為的觀察，消除不安全的行為並創造一個安全的工作環境，以建立企業的安全文化。	(1) 參與式學習 (2) 小組討論
(3) 風險管理	風險及危機的產生有一個共同的特點，它不是一朝一夕就突然發生，而是一個隨時間演進的變化過程，可從個案中，學會管理風險與避免危機，並參考 ISO 31000 建議的風險管理程序，建置執行風險管理的機制。	(1) 參與式學習 (2) 小組討論
(4) 落實 SOP 的 管理機制	個案發現未徹底遵守法規與落實 SOP 是發生氣爆的主因之一，絕大多數組織都有 SOP，但是實務上卻很難落實；因此本個案探討如何建立及落實 SOP。	(1) 參與式學習 (2) 小組討論

三、個案分析

發生管線事故時，除了全力救災之外，另應提出防止再發生類似事故的作為，提出嚴謹且適當的應變機制，包含主管的管理知識、人員教育訓練、管理制度的建立及風險管理的措施等，並應建立適當的稽核機制，包含稽查作業與管理層次以及重點管線管理項目；以便在遇有異常狀況發生時，依據所擬定之標準作業程

序進行管線維護。企業應符合的最低安全基準如下：
(一) 依照擬定的管線管理計畫，進行查核作業。
(二) 定期審查及確認操作程序書的完整性。
(三) 管線操作歷史紀錄的留存與分析。
(四) 管線意外事故的肇因分析。
(五) 備妥安全偵測、人員呼吸防護具及緊急應變設備。
(六) 適當的稽核機制，以確認管線操作落實執行。

四、個案教學資源整合

(一)請探討個案氣爆災害發生的原因？如何預防災害的發生？

1. 災害發生的原因

　　專案小組藉由腦力激盪找出所有管線事故致災因素，如圖 2 所示，將各要因進行歸類、整理，繪製成魚骨圖進行討論(Ishikawa, 1990)。

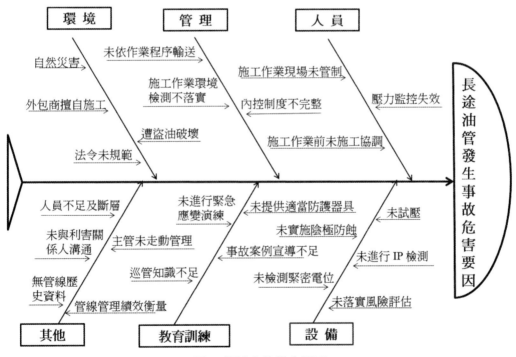

圖 2 管線事故發生要因

2. 災害發生連續性失誤理論(Heinrich 的災害理論)：

　　本文個案所發生的氣爆事件可藉由 Heinrich 的骨牌理論來加以說明，如圖 4 所示，意外事故的要素包含工作狀況、人為因素、不安全行為事故與傷害或損壞。各項要素好像骨牌的傾倒一般，是由一連串緊接的連鎖事件所造成。要預防這些意外傷害，就是從一連串骨牌中抽出任一張，使骨牌的傾倒中斷，不致發生連鎖反應造成意外事故(參考圖 3)。

　　1971 年彼德森(Peterson)提出多重因果論：「當我們在看不安全行為和狀況時，我們只能看到災害的症狀(symptoms)，而非造成災害的原因(cause)。因此，我們只能針對症狀加以改善，而未消除災害的根本原因去引發其他的意外事故。

　　要解決意外事故的根本原因要從管理層面著手，才能有效預防意外事故；布蘭博士(Dr. Blame)於錯誤鍊理論(Error Chain Rule)提出，他認為重大事故是由許多輕微事件累積而成，而輕微事件又由許多虛驚事件累積而成，其災害結果模型分析如圖 4 所示，其發生不安全之個模式的件數比例為 1：10：30：600，類似冰山之一角；虛驚事件與重大事故有類似的根本原因，因此可藉由分析虛驚事故的根本原因達到預防重大災害的目的。

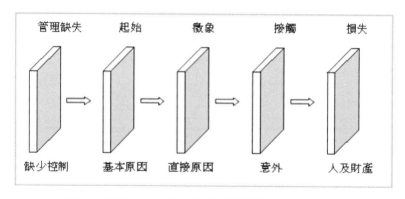

圖 3 H.W.Heinrich 災害發生連續性失誤的骨牌理論

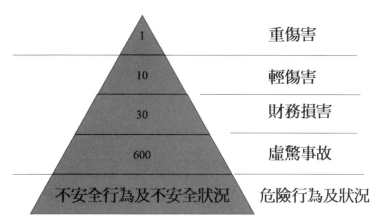

圖 4 災害結果模型分析

　　起司理論：另一種說法為 Heinrich 骨牌理論的延伸；英國曼徹斯特大學教授 James Reason 於 1990 年提出起司理論(Cheese Model)。如圖 5 所示，其概念是借用起司在製造與發酵過程中，很自然的會產生小孔洞，每一片乳酪代表一個環節，亦可視為一道防線(defensive layer)，乳酪上的孔洞係此環節可能的失誤點。如把許多片起司重疊在一起，每片起司的孔洞位置不同，光線透不過去，只有在特殊情況下，孔洞剛好連成一直線，才會讓光線透過去，亦代表事件發生，藉以解釋事故原因之連鎖關係鏈。每一道防線上的空洞可依原因區分為前端誘發性失誤(Active failures)以及後端的潛在失誤(Latent conditions)。

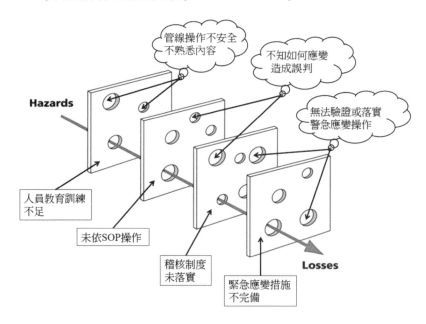

圖 5 起司理論(Swiss Cheese Model)James Reason

(二)請討論個案中該企業所面臨的風險為何？如何所找出的風險因子，控制在合理的、可接受的範圍內？

1. 管理風險就是要管理控制不確定性，將負面風險降至最低，同時把不確定性之風險減少至可接受範圍，幫助企業在面臨災害的相關決策上，調整既有的思考模式，找出解決方案，以減少可能之損失。

2. 風險管理架構：臺灣石化工廠本就具潛在高危險性，其上下游業者幾乎以地下管線相連接，若有管理不善，會相互影響整個供應鏈；本個案提出了由風險管理的概念來發現問題，建立風險管理流程，如圖 6 所示，即是以管線管理為例，所建立的風險管理架構，包含風險辨識、風險分析、風險評量、風險處理、與追蹤改善。

3. 管理制度：近年來臺灣陸續傳出多起重大工安事件，除造成人民生命及財產損失外，亦凸顯相關業者之安全管理機制待檢討改進。為此，企業要著手降低重大工安事件發生率，以確保工作人員之安全。本個案為高風險的油品輸儲公司，可藉由氣爆案事故之預防管理，加強推動各項安全管理工作，並建立的督導複查機制，對各部門執行面之困難，提出建議、對策，防止災害再發生，以符合 PDCA 管理模式(社團法人臺灣安全研究與教育學會,2015)。

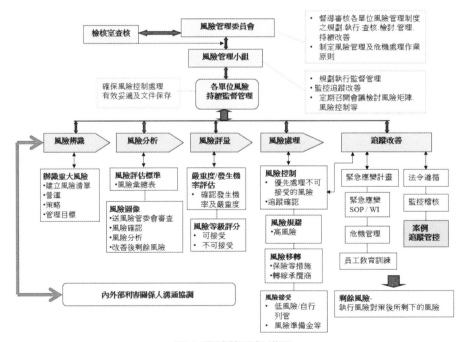

圖 6 風險管理架構圖

4. 風險管理架構說明：

(1)風險辨識：其步驟是找出需要管理的風險因子，依業務特性、內外部環境及民生關係，設計方法以辨識風險，如表 5 所示。

(2)風險分析：依據辨識之風險項目，分析容忍程度，建立組織風險評估標準，以評估所得之風險影響程度及發生機率，並持續執行風險評估及檢視風險圖像之變化，量化風險分析標準如表 6 所示。

(3)風險評量：將風險分析中所決定的風險項目轉化成風險矩陣，依風險等級與先前訂定的風險標準相比較。比較標準應該與風險分析具有相同基礎。評量結果是挑出一些需要優先處理的風險。應考慮公司的目標，以及冒險可能導致的後果，風險評量標準如表 7 所示。

(4)風險處理：找出處理風險的可能對策與方法，評估這些方法，以及執行這些對策的成本效益分析，以決定對策的可行性與優先順序。

(5)溝通及協商：風險管理政策經核定後，應由公司各單位內部會議或其他方式加以宣達，使員工瞭解執行的政策及其所扮演的角色及職責。並利用外部溝通與協商，公開相關資訊，向所有利害關係人傳達風險管理的效益，改善利害關係人的信心與信任。

(6)監督與檢討：由於影響事件結果及機率的因素可能隨時間而改變，使各種風險對策的適當性及成本也隨之改變。因此，必須定期檢視風險管理的計畫與步驟，持續監督檢討來確保風險管理計畫的有效性。

表 5　依事故要因進行風險辨識

項次	風險類別	發展風險情境	風險 內部	風險 外部	風險來源
管理措施					
1	未依作業程序輸送	管線管理雙方聯繫失當，造成管壓過高等			工廠管理
2	未落實施工作業環境檢測	油氣未完全清除，管線氣爆			工廠管理
3	內控制度不完整	不符合法令，被主管機關開罰			法令遵循
人員專業					
1	未管制施工作業現場	人員經過受傷			工廠管理
2	施工作業前未進行施工協調	未進行入場管制，造成工安事故			工廠管理
3	壓力監控失效	監控裝置失效，人員誤判			工廠管理
外力因素					
1	自然災害	颱風地震不可抗力因素			自然事件
2	外包商擅自施工	挖破管線造成工安事故			人為因素
3	法令未規範	法令不周延，管線管理單位無所遵循			政治及法律
4	遭盜油破壞	挖破管線造成工安事故			人員行為
管線檢測					
1	未實施陰極防蝕	管線腐蝕破裂			工廠管理
2	未檢測緊密電位	管線腐蝕破裂			工廠管理
3	未試壓	管線腐蝕破裂			工廠管理
4	未進行 IP 檢測	管線腐蝕破裂			工廠管理
5	未落實風險評估	老舊管線潛在腐蝕破裂風險			工廠管理
安全教育訓練					
1	巡管知識不足	易造成危機處理誤動作			工廠管理及人員行為
2	未進行緊急應變演練	遇有管線事故不知應變			工廠管理
3	未提供適當防護器具	人員受傷			工廠管理及人員行為
4	事故案例宣導不足	無法防止類似事故再發生			工廠管理
其他					
1	管線管理績效衡量	不重視管線管理績效評量			公司制度
2	主管未走動管理	走動管理或分級查核等未列入管線管理作業標準			工廠管理及人為因素
3	無管線歷史資料	人員不知如何巡管			工廠管理
4	未與利害關係人溝通	地方政府機關及民眾不諒解			外部環境
5	人力不足及斷層	無法推動管線管理業務			公司制度

表 6 量化風險分析(機率)

等級	可能性分類	詳細的描述
3	幾乎確定	大部分的情況下會發生
2	可能	有些情況下會發生
1	幾乎不可能	只會在特殊情況下發生

表 7 風險影響度–評量標準(嚴重度)

等級	衝擊或後果	環境衝擊(洩漏中毒)	形象	人員傷亡	財務損失	生產損失
3	非常嚴重	影響擴及廠外,可能導致抗爭	國際新聞媒體報導負面新聞	一人死亡或三人送醫急救	損失 NT 5,000 萬以上	停工一月
2	嚴重	影響及於廠外,擴及場內	臺灣新聞媒體報導負面新聞	殘廢傷害/疾病/嚴重傷害/暫時失能/中度傷害	損失 NT 500 萬至 5,000 萬	停工二週
1	輕微	局部設備附近	區域新聞媒體報導負面新聞	輕度傷害	損失 NT 500 萬以下	停工一天

5. 主要風險的建立：風險管理主要是幫助決策者做出抉擇、決定作業的優先順序和區分不同解決問題的方式，要符合內、外部環境特性，風險發生機率係指風險事件發生的可能性；嚴重程度係指發生風險事件對公司造成的影響(包含有形與無形)，風險高低以發生機率與嚴重程度兩者矩陣乘積之量化方式表示之(如表 8 所示)。

表 8　風險矩陣

影響（後果）	非常嚴重(3)	H(HIGH RISK) 遭盜油破壞 壓力監控失效 未實施陰極防蝕 未檢測緊密電位	H(HIGH RISK) 外包商擅自施工 作業環境檢測不落實 未進行緊急應變演練	E(EXTREME RISK) 未依作業程序輸送 未進行 IP 檢測 未試壓
	嚴重(2)	M(MODERATE RISK) 作業前未施工協調 未提供適當防護器具	H(HIGH RISK) 作業現場未管制 主管未走動管理	H(HIGH RISK) 人員不足及斷層 事故案例宣導不足 未落實風險評估
	輕微(1)	L(LOW RISK) 自然災害 法令未規範	M(MODERATE RISK) 無管線歷史資料 巡管知識不足	H(HIGH RISK) 內控制度不完整 未與利害關係人溝通 管線管理績效衡量
		幾乎不可能(1)	可能(2)	幾乎確定(3)

機率

註：EXTREME：極度危險的風險，需立即採取行動
　　HIGHER：高度危險的風險，管理階層須督導所屬研擬計劃，並提供資源
　　MODERATE：中度危險的風險，必須明訂管理階層的責任範圍
　　LOW：低度危險的風險，以一般步驟處理

6. 風險管理檢核：稽核人員於稽核風險管理時，應依受稽查部門評估事項建立風險管理檢核表，先由受查核部門說明現行風險管理事項、填報執行措施，再由稽核人員驗證執行措施之妥適性，並將驗證結果提列為建議事項，送管理階層參考改善；風險管理檢核表如表 9 所示。

表 9　風險管理檢核表

評估事項	是	否	不適用	結果說明/ 現行措施	改善 建議
1.　是否建置「風險管理小組組織、架構」？					
2.　是否建置「風險管理標準作業程序書」？					
3.　是否定期召開「風險管理會議」？					
4.　是否定期辨識「存在風險、風險事件」？					
5.　是否每年檢視風險評估、風險矩陣資料？					
6.　是否針對風險擬定控制改善措施、並記錄 　　改善成效？					
7.　是否建置「風險管理緊急應變程序」？					
8.　是否實施「風險管理緊急應變演練」？					
9.　是否實施「風險管理員工宣導教育訓練」？					
10.是否實施「風險移轉」？　是否審查「風險 　　移轉」成效？					
11.是否建置「與利害關係人溝通與協調風險」 　　的管道？					
12.是否已將風險進行排序，確認風險控制計 　　畫與監控？					
13.是否建立可接受與/或不可接受風險之標 　　準？					
14.是否已確認風險管理責任歸屬？					
15.是否建立評估、報告與管理風險之成效？					
16.是否推動風險管理文化？					
17.是否確認風險溝通達到預期成效？					

(三)請藉由本個案，討論 SOP 與事故發生之關聯性，及如何制定與落實 SOP？

　　「標準作業程序(Standard Operation Procedure，SOP) 」是針對企業的關鍵流程，明訂其作業人員的職責與執行方法。目的在於清楚呈現每一項作業流程，有助於企業內相關作業人員瞭解工作流程，對各流程所需要投入的資源、步驟、文件與產出有所共識，如圖 7 所示是企業的第三層文件。完備標準作業程序可以提供具體方針，改善溝通、提升效率、安全、品質與產能，並減少製程變異、縮短訓練時間。發展標準作業程序的過程可讓管理階層和一線作業人員相互產生互信，讓顧客與投資者對製程管理產生信心。標準作業程序內容可分為工作目的與執掌範

為、材料與設備、安全須知、主管人員、具體的作業步驟、工作守則與管理辦法。

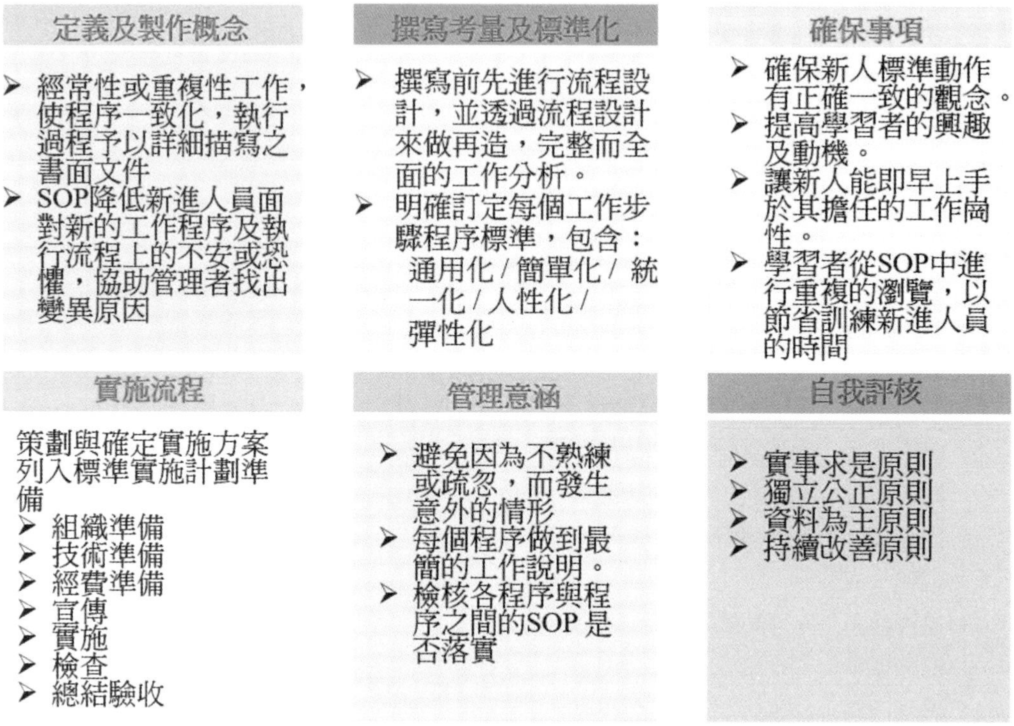

定義及製作概念	撰寫考量及標準化	確保事項
➢ 經常性或重複性工作，使程序一致化，執行過程予以詳細描寫之書面文件 ➢ SOP降低新進人員面對新的工作程序及執行流程上的不安或恐懼，協助管理者找出變異原因	➢ 撰寫前先進行流程設計，並透過流程設計來做再造，完整而全面的工作分析。 ➢ 明確訂定每個工作步驟程序標準，包含：通用化／簡單化／統一化／人性化／彈性化	➢ 確保新人標準動作有正確一致的觀念。 ➢ 提高學習者的興趣及動機。 ➢ 讓新人能即早上手於其擔任的工作崗性。 ➢ 學習者從SOP中進行重複的瀏覽，以節省訓練新進人員的時間
實施流程	管理意涵	自我評核
策劃與確定實施方案列入標準實施計劃準備 ➢ 組織準備 ➢ 技術準備 ➢ 經費準備 ➢ 宣傳 ➢ 實施 ➢ 檢查 ➢ 總結驗收	➢ 避免因為不熟練或疏忽，而發生意外的情形 ➢ 每個程序做到最簡的工作說明。 ➢ 檢核各程序與程序之間的SOP是否落實	➢ 實事求是原則 ➢ 獨立公正原則 ➢ 資料為主原則 ➢ 持續改善原則

圖 7 建構標準作業之流程

五、課程結論

(一)參考個案提及以風險評估方法，考量與工廠現行運作之現況(如：稽核檢點表、變革管理等)與實務相結合，以便提昇安全管理績效。

(二)安全管理的專業訓練課程之需求日趨重要，高階主管應督導其課程要點與執行與訓練，且相關訓練必須隨著內外環境而動態調整更新，以增加勞工工作場所之安全。

六、教學建議

本個案可延伸出許多主題，根據個案的發展與未來方向，提供課程教案建議。

表 10　課程教案一

課程教案一				
課程目標：氣爆事故分析與風險管理			時間：45 分鐘	
學習效益：運用魚骨圖找到根本原因分析				
課程名稱	時間	內容	管理理論	教學方式
個案概況	00：05	引導進入個案情境		◎講授法
	00：05	個案公司簡介及產業概況		◎講授法
災害發生原因	00：15	1-1 討論課前問題 Q1：探討個案氣爆災害發生的原因？	使用者	◎討論法
災害防止對策	00：10	1-2 討論課前問題 Q1：不安全行為談職業災害之預防？災害發生連續性失誤理論(Heinrich)？	災害防止	◎討論法
(延伸教學)	00：10	1-3 延伸教學：骨牌理論的延伸～起司理論(James Reason)	實務經驗	◎討論法

表 11　課程教案二

課程教案二				
課程目標：安全的關鍵要素			時間：40 分鐘	
學習效益：公司經營安全的關鍵要素為何？				
課程名稱	時間	內容	管理理論	教學方式
建立風險管理流程	00：10	2-1 請討論個案中該企業所面臨的風險為何？ 如何將風險因子控制在合理的、可接受的範圍內？	使用者經驗	◎討論法
事故發生要因	00：10	2-2 討論課前問題 Q2：造成不安全的情境分析，解決之關鍵要素為何？	使用者經驗	◎討論法
風險辨識、分析作為	00：10	2-3 教學：符合組織內、外部環境特性以及風險矩陣	風險管理理論	◎講授法
如何制定合理及合宜的人性化的管理制度	00：10	4-1 討論課前問題 Q4：SOP 與事故發生之關聯性，及如何制定合理及合宜的人性化的管理制度之考量？	制定 SOP 考量	◎討論法
安全管理的 PDCA	00：05	4-2 管理的 PDCA 循環模式	使用者經驗	◎討論法
建置合宜的 SOP	00：05	4-3 良好的 SOP 計畫考量	建立制度	◎講授法

七、板書規劃

本個案板書規劃劃分為 5 塊板書區，如下說明：

板書區域規劃 1~5：包含用魚骨圖分析氣爆災害、將災害原因按 Heinrich 的骨牌模式加以排列、管線管理的 PDCA 戴明循環，如圖 8 所示，老師可藉此個案協助學生瞭解個案公司建立安全管理制度過程及如何運用風險管理的方法制訂合理合宜的變革制度。板書規劃說明：

(一) 板書 1：運用魚骨圖分析氣爆災害的根本原因：專案小組依腦力激盪方式找出可能事故根本要因，再將將氣爆事件的根本原因，按魚骨圖的常用類別，分為人員、管理、環境、設備與教育訓練，整理並繪製成魚骨圖進行討論(Ishikawa, 1990)。

(二) 板書 2：將災害原因按 Heinrich 的骨牌模式加以排列以解釋事故的發生原因，並據此擬定災害之預防對策。災害是由一連串的失誤所造成，像是整列的骨牌一張一張的倒下，如果將其中的一張骨牌移除，則後面的骨牌不會倒下，因此，只要消除其中的一個事故原因，即不會發生事故。潛在失誤(Latent failure)：起司在製造與發酵過程中，很自然的會產生小孔洞，每一片乳酪代表一個環節，亦可視為一道防線(defensive layer)，乳酪上的孔洞係此環節可能的失誤點。每一道防線上的空洞可依原因區分為前端誘發性失誤(Active failures)以及後端的潛在失誤(Latent conditions)。地下管線的設計不當、管線腐蝕、外力破壞等因素，都是造成地下管線爆的潛在失誤。

(三) 板書 3：管線管理的 PDCA 戴明循環：包含定期檢討管線管理制度、事故調查與風險評估找出可能出錯的環節與決定投入資源，設法消除事故原因或其他缺失，以免重複發生，再進行教育訓練、實地稽查與缺失追蹤改善、根據稽查的問題點進行改善，再將成功的經驗加以標準化，以建立符合相關規範的管線管理制度與自主管理的 PDCA，以達到持續改善的目的。

(四) 板書 4：「標準作業程序(Standard Operation Procedure，SOP)」是針對企業的關鍵流程，明訂其作業人員的職責與執行方法。目的在於清楚呈現每一項作業流程，有助於企業內相關作業人員瞭解工作流程，對各流程所需要投入的資源、步驟、文件與產出有所共識，如版書 4 所示是企業的第三層文件。完備標準作業程序可以提供具體方針，改善溝通、提升效率、安全、品質與產能，並減少製程變異、縮短訓練時間。發展標準作業程序的過程可讓管理階層和一線作業人員相互產生互信，讓顧客與投資者對製程管理產生信心。標準作業程序內容可分為工作目的與執掌範為、材料與設備、安全須知、主管人員、具體的作業

步驟、工作守則與管理辦法。

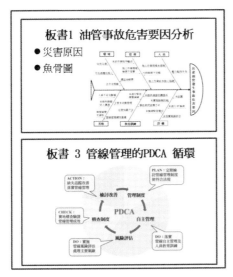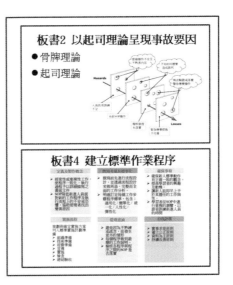

圖 8　板書 1 至板書 4 規劃

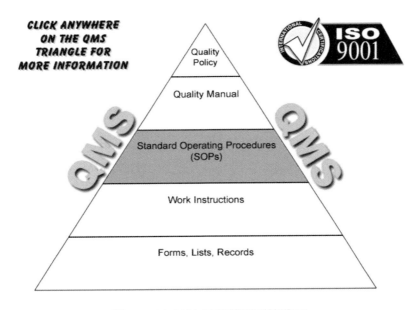

圖 9　ISO 9001 品質管理系統階層

(五) 板書 5：根據 ISO 31000，企業風險管理包含辨識分析與量化評估管理各項改變企業營運績效的決策。依據辨識之風險項目，量化分析每個決策方案的可能風險(發生機率與影響程度)與風險容忍程度，透過風險評估矩陣與分佈圖來量化風險，制(修)定風險管理方案，並持續量化檢視評估風險矩陣的變化。

(六) 板書 6：風險管理架構，以管線管理為例，所建立的風險管理架構，包含風險辨識、風險分析、風險評量、風險處理、與追蹤改善。

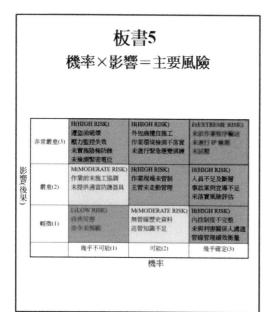

圖 10　板書 5 與板書 6 規劃

參、參考文獻

1. 行政院主計處(2015)。「行政院 100 年工商及服務業普查資料」，高雄市城市發展半年刊，第 18 期。

2. 吳及揚(2007)。「企業損害防阻」，風險與保險雜誌。

3. 社團法人臺灣安全研究與教育學會季刊(2014)。「徹底執行 SOP」，社團法人臺灣安全研究與教育學會季刊。

4. 洪茂豐、李若愚、李復孝(2009)。「架構導向專案風險管理模型之研究」，中山大學資管所碩士論文。

5. 洪培元(2006)。「由不安全行為談職業災害之防止」，工業安全衛生月刊。

6. 教育部(2016)。「防災科技教育改進計畫」，教育部。

7. 黃丙喜、馮志能、劉遠忠(2009)。「動態危機管理」。商周出版社。

8. 經理人月刊編輯部(2006)。「組織行為」，經理人月刊。

9. 監察院(2015)。「高雄市前鎮區氣爆災害發生時間及原因」，監察院公報，第 2949 期。

10.經濟部工業局(2014)。「 地下工業管線安全管理參考指引」 ，經濟部工業局。

11.劉正恩(2008)。「 船舶進出港口人為碰撞過失及乳酪模式之研究─以高雄港為例」 ，高雄海洋科技大學碩士論文。

12.賴宗福、張之樺(2010)。「 環保與經濟雙贏專題」 ，科學發展，第 455 期。

13.蘇麗美(2009)。「 淺談高階主管應具備的能力及評選」 ，獵才月刊，第 12 期。

14.蘇宜士(2004)。「 職災資訊與工程進度之安全管理模式」 ，交通大學土木工程研究所碩士論文。

由概念到實踐-StorySense 的人工智慧創業個案

郭庭魁[1]

摘要

　　StorySense 翊新故事科技有限公司是一間以 AI 人工智慧技術為背景的公司由創辦人沈育德於 2009 年 11 月成立，公司目標為打造「會說故事的電腦」，其願景為「Making Grandpa-Friendly Computers(創造阿公阿嬤都覺得簡單好用的人工智慧軟體)」，透過開發具語意分析與故事理解能力的應用軟體，期許幫助使用者整理網路上的資料，並簡化使用流程，創造簡單、方便的使用者經驗。StorySense 擁有獨立開發的人工智慧技術引擎，並以該技術引擎開發兩款應用程式，一款是能簡化使用者上網搜尋店家資訊的手機應用程式 WhatsTheNumber，於 2011 年 7 月上架；另一款是能依照使用者需求推薦活動地點與相關資訊的手機應用程式 LAIKI，目前正處於開發階段。上述兩款產品皆運用人工智慧技術，朝著 StorySense 企圖打造「會說故事的電腦」的成立目標邁進。

　　StorySense 創業以來，隨著企業業務發展的改變，創業夥伴的招募過程也有所調整，過程中發展出獨特的企業文化「創新與交流」，開發新產品時整合不同工作部門的資源進行產品開發，此時資源整合與人員協調成為一大課題。本篇個案將針對 StorySense 如何從創業動機的形成發展為創業概念、團隊建立時選擇創業夥伴的準則與流程，以及新產品開發的團隊運作與衝突協調進行討論。

壹、人工智慧技術應用與產業現況

一、人工智慧產業概況

　　人工智慧(Artificial Intelligence, AI)是以電腦科學、生物學、心理學、語言學、數學、工程學為基礎的科學，目的在於將人類的智能電腦化，使電腦具有思考、學習與解決問題的能力。最初的人工智慧研究是 1940 年代到 1960 年代初的一系列科學進展交匯的產物，當時對人工智慧的研究主要著重於數字理論證明與棋弈

---

[1] 國立臺灣科技大學科技管理研究所助理教授。

競賽之問題解決。1956 年的 Dartmouth 確立「人工智慧」為一門學科，此後人工智慧的研究重點轉為使電腦具有理解能力，致力於發展具有人類的知識與行為，並懂得學習、判斷、記憶與理解人類自然語言的電腦。

　　近年來，人工智慧逐漸成為軟體產業致力發展的趨勢，隨著智慧型手機的普及，手機應用程式隨之蓬勃發展，透過將人工智慧運用於程式開發之中，提供使用者更豐富且個人化的行動服務成為軟體市場主流。此外近來數據的開放性較過去高，加上伺服器成本降低、雲端運算普及使得更多軟體公司能負擔開發人工智慧技術之成本，且多數使用者接受提供帳號資料以獲得軟體使用權限，例如提供Facebook 帳號資料獲得該軟體的使用權限，軟體開發商便可運用使用者的資料建構軟體，提供更人性化的軟體服務。Google 提供的 Google Now 服務即是相當具代表性的人工智慧軟體，Google Now 可運用其龐大的資料庫，並依照使用者需求和興趣提供相關資訊，例如當使用者前往某地旅行時，Google Now 可依使用者的地理位置提供該地天氣、地圖與當地活動訊息，甚至能提供使用者登機、訂房與換算匯率的資訊。因此隨著行動裝置市場的拓展，為了提供更貼近使用者需求的應用程式，人工智慧技術已成為軟體開發之趨勢。

二、應用程式產業概況歷史重演

　　2007 年，賈伯斯在蘋果產品發表會上向世人展示第一代 iPhone，自此帶動手機應用程式蓬勃發展，根據工研院產業經濟與趨勢研究中心 IEK(2013)研究指出，2012 年全球手機應用程式下載數量約為 400 億次，其中近兩年的下載數量呈倍數成長趨勢，預估在 2013 年可達到 800 億次的下載數量。另外，手機應用程式的開發數量同樣持續增長當中，2013 年，App Store 與 Google Play 兩大應用程式商店分別達成一百萬個應用程式目標。

　　根據資策會 FIND 2013 年調查結果顯示，台灣 12 歲(含)以上持有智慧型手機的人口比例為 43.1%，約為 917 萬人；持有平板電腦的人口比例為 18.5%，約為 393萬人，其中同時持有智慧型手機與平板電腦的人口比例約為 12.1%，台灣行動族群約有 1,053 萬人。

　　縱觀全球市場，在應用程式平均花費(應用程式營收/總下載量)分析中，北美與西歐是應用程式平均花費最高的區域市場，但相較於往年花費則有下滑趨勢。於此同時，亞洲市場的應用程式平均花費則成上升趨勢，儘管 2009 年亞洲市場的應用程式平均花費小於 0.1 美金，但截至 2012 年止，亞洲市場持有智慧型手機人

數的大幅增長與購買應用程式意願提高等因素，帶動亞洲市場成為全球應用程式平均花費第三高的區域市場。其中，根據 Google Play 公佈資料顯示，南韓、台灣、香港、新加坡皆是全球每人應用程式下載數量前五高的國家，可見亞洲市場應用程式的市場潛力。

貳、公司簡介

一、創業緣起

　　StorySense Computing 是一間以 AI 人工智慧技術為背景的公司，由創辦人沈育德於 2009 年 11 月創立，公司願景為「Making Grandpa-Friendly Computers(創造阿公阿嬤都覺得簡單好用的人工智慧軟體)」，透過開發具語意分析與故事理解能力的應用軟體，期許幫助使用者整理網路上的資料，並簡化使用流程，創造簡單、方便的使用者經驗。

　　創辦人沈育德畢業於台灣大學資訊工程研究所，隨後進入麻省理工學院(MIT)的 Media Lab 進行人工智慧領域之研究，研究如何以人工智慧進行影片剪接，並透過語意分析等相關技術，讓電腦看得懂拍攝者的故事並懂得如何剪接。畢業回台灣後，沈育德加入旋轉木馬工作室，參與電影「不老騎士」的後製，後製期間，將 12,000 分鐘的影片素材剪接成 120 分鐘的龐大工程，更讓沈育德開始思考該如何以人工智慧技術讓電腦看得懂故事的可能性，以簡化影片剪輯的流程。

　　為了延續在 Media Lab 所做的人工智慧技術研究，並落實以人工智慧技術讓電腦看得懂故事、會說故事的可能性，創辦人沈育德決定創立 StorySense Computing。StorySense 以「會說故事的電腦」為目標，讓電腦能看得懂使用者的故事，甚至能依使用者喜好，主動推薦使用者可能感興趣的故事，並與使用者一起記錄生活。更具體的描述何謂會說故事的電腦，創辦人沈育德提到他的爺爺白手起家的故事，早期爺爺替日本人做事，與奶奶結婚後開始賣木炭，木炭一塊一塊的賣，錢一點一點的攢了下來，爺爺的木炭生意最後讓家裡七個孩子都有自己的房子，然而他無法了解在這過程中爺爺經歷了什麼，即便有日記、照片的記錄，甚至就算當年有 Facebook 的存在，也很難準確地抓到爺爺白手起家的故事重點，這時要是有個「會說故事的電腦」，能幫忙整理、分析所有的資料，或許就更能體會爺爺當年白手起家的艱辛經歷。

　　面對資訊爆炸的網路世界，創辦人沈育德期許能做到的是，小至一組電話號

碼、大至世界金融體系崩壞的原因，都能透過人工智慧技術，幫助使用者整理並消化網路上的大量資料。因此，StorySense 抱著以人工智慧技術打造「會說故事的電腦」為目標，並以「Making Grandpa-Friendly Computers」作為願景，在沒有營利考量、沒有確切的產品概念中誕生。

二、發展沿革

2009 年 11 月，創業最初，在創辦人沈育德家中客廳，一張沙發一張桌子，就是 StorySense 最早的辦公室，一台一萬塊的三合一印表機則是當時全公司最昂貴的資產。由於沒有明確的產品方向，創辦人沈育德背負著資金隨時都要耗盡的壓力下，大量承接案子，少數的案子賺錢，多數則因經驗不足而導致錯誤報價、無法結案甚至要虧錢請外包商完成案子。另外，工作環境與居家環境重疊的情況讓創辦人沈育德回到家也時時保持工作模式，無法適度休息導致身體狀態受到影響。2010 年 3 月，在朋友邀約下合租辦公室，當時 StorySense 還是只有沈育德一人，沒有同事，但有了互相打氣鼓勵的隔壁公司作為鄰居，這間座落於仁愛路的辦公室一路陪伴 StorySense 到 2013 年 6 月。

創業初期在承接案子的同時，沈育德也以自身的人工技術背景持續開發技術引擎，2010 年 7 月，林挺正透過朋友介紹認識沈育德並加入 StorySense，成為 StorySense 的第二號員工兼共同創辦人，在沈育德的帶領下持續進行技術引擎開發與撰寫程式。然而技術引擎開發了一年多，他們意識到必須做出產品才能驗證技術引擎有沒有市場價值、是否能真正解決使用者問題。因此開始進行市場調查，了解使用者需求，開始思考能將人工智慧技術運用在什麼地方。

市場調查期間，StorySense 發現許多接觸過的創業團隊、業務或是身邊朋友都有聯絡資訊過多而難以整理的困擾，於是構思一款應用程式 NEP(Name E-mail Phone)，就是運用人工智慧技術引擎辨認什麼是電子郵件、電話號碼與地址，進而替使用者整理姓名、電子郵件、電話、地址等聯絡資訊。然而從市場規模來看，一般使用者的聯絡資訊數量不會多到需要使用 NEP，於是 StorySense 開始想著要如何讓多數使用者都能使用，在詢問身邊親友後，發現在手機上尋找電話號碼的過程相當繁瑣，於是開發出 WhatsTheNumber，簡化使用者在手機上尋找電話的流程，2011 年 10 月 14 日，WhatsTheNumber 在 App Store 上架，一個禮拜後達到 10 萬個下載數，成為 StorySense 的第一個里程碑。

2013 年 6 月，WhatsTheNumber 的下載數量不再有大幅度的增長，儘管初期表

現優異，但多數使用者仍習慣使用 Google 搜尋，鑒於無法完全改變使用者的使用習慣，WhatsTheNumber 無法創造更高、達到百萬的下載數量，StorySense 決定停止 WhatsTheNumber 的技術開發，專注於業務拓展。經過內部員工共同腦力激盪進行新產品發想，StorySense 目前正著手開發一款能依照使用者需求推薦活動地點與相關資訊的手機應用程式 LAIKI，預計於 2013 年底上架。

參、創業團隊

一、團隊建立

StorySense 自 2009 年成立以來，從初期只有創辦人沈育德一人，陸續有員工加入，到 2013 年 11 月達到 9 位正職員工、1 位兼職員工、7 位實習生共 17 名員工的組織規模。根據公司不同業務之發展，員工招募形式也有所不同，以下將依圖 1 呈現之 StorySense 業務發展與團隊建立時間軸，詳述 StorySense 的團隊建立。

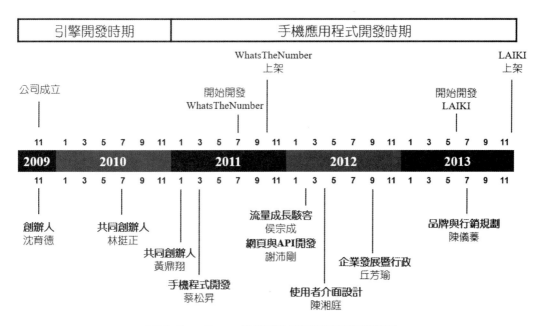

圖 1 StorySense 業務發展與團隊建立時間軸

StorySense 於 2009 年 11 月成立，創業初期尚未有明確的組織規章與產品方向，業務發展以開發人工智慧技術引擎為主。此時團隊建立模式主要是由創辦人沈育德藉由人脈建立起工作團隊。透過朋友介紹，創辦人沈育德認識了畢業於臺灣大

學電機工程學系的林挺正—StorySense 第二號員工兼共同創辦人，2008 年剛從大學畢業的林挺正沒有像多數人一樣繼續就讀研究所，比起升學林挺正更想直接就業完成創業的夢想，儘管投遞履歷的期間不乏廣達、惠普等大型企業的工作邀約，然而由於林挺正對創業抱持濃厚興趣，他決定直接加入一個創業團隊，藉由參與完整的創業歷程，從中了解自己是否適合創業，同時學習創業技能並建立人脈。於是林挺正開始向身邊朋友轉述想加入創業團隊的想法，希望能有進入創業團隊工作的機會，最後在朋友的介紹之下認識 StorySense 創辦人沈育德。對沈育德來說，林挺正頂著名校光環畢業，擁有專業技術背景，卻在眾多大型企業工作邀約中，選擇成就其創業的夢想，進入創業團隊從頭磨練，對創業的熱忱實屬難得；對林挺正來說，除了 StorySense 的願景與背後的人工智慧技術令他感興趣外，當時大學畢業剛退伍年紀尚輕，想趁年輕時踏上創業之路闖蕩一番，於是，林挺正成為 StorySense 第二號員工兼共同創辦人。

StorySense 第三號員工兼共同創辦人—黃鼎翔是創辦人沈育德在臺大的學弟，畢業於臺灣大學資訊工程研究所的黃鼎翔同樣對創業抱持熱忱，然而剛出社會時沒有明確的創業方向，也沒有能一起打拼的創業夥伴，於是黃鼎翔先進入竹科工作，工作期間與在美國麻省理工學院就讀的沈育德持續保持聯絡，沈育德回台創辦 StorySense 後主動與黃鼎翔聯絡，其公司願景與理念深受黃鼎翔認同，加上長久相處以來累積對沈育德的信任感，於是黃鼎翔離開工作三年的新竹科學園區，加入 StorySense 成為第三號員工兼共同創辦人，目前擔任系統架構師一職。

2011 年開始，StorySense 的業務發展開始以手機應用程式開發為主，團隊建立模式從人脈建立團隊轉而以技術需求為導向。由於三位創辦人沒有手機應用程式開發之技術背景，故 2011 年 3 月，在共同創辦人林挺正的引薦之下，就讀於台灣大學資訊工程學研究所碩士一年級的蔡松昇以實習生的身份進入 StorySense，自此開啟 StorySense 獨特的實習生團隊文化。

在 WhatsTheNumber 上架之後，公司逐漸發展出正式的招募準則，同時透過內部員工引薦與網路工作職缺平台發佈招募訊息，陸續有不同專業領域人才加入。2012 年 2 月，創辦人沈育德透過 104 網路工作職缺平台主動與侯宗成聯繫，畢業於台灣大學電機工程研究所，大學期間曾獲選為世界模擬聯合國會議之最佳代表，擔任 2009 年救國團國際經貿事務研習營之招生專案負責人，大學畢業後曾在聯發科技實習，豐富的社團與活動經驗讓創辦人沈育德主動邀請侯宗成應徵實習生一職，侯宗成目前擔任流量成長駭客(Growth Hacking)的職位，流量成長駭客為近年來網路公司新興的職位，此職位強調結合「行銷與技術」專長，在行銷洞見下能

掌握資訊技術並持續長期的優化表現。有了技術領域的人才進駐後，StorySense 開始針對設計、行銷、會計與行政等職務進行員工招募，畢業於成功大學創意產業設計研究所的陳湘庭在 2012 年 4 月加入 StorySense 擔任使用者介面設計的職位，同時還參與人資與會計等工作。

2013 年 6 月，WhatsTheNumber 停止技術開發，加強業務拓展，同時開始開發新的應用程式 LAIKI，至此 StorySense 成立逾三年半，鑒於 WhatsTheNumber 上架以來累積的使用者與市場口碑，公司決定開始推廣「StorySense」的品牌，透過參加 SlideShare 簡報分享平台的「我的創業故事」比賽，向大眾傳達 StorySense 的品牌故事，讓使用者不只是認識 WhatsTheNumber 這個產品，更能了解 StorySense 這間以人工智慧技術為背景的公司，為何要打造一台會說故事的電腦，以及如何落實「Making Grandpa-Friendly Computers」的公司願景，透過品牌行銷吸引俱有相同創業理念的人才主動加入 StorySense。2013 年 11 月，StorySense 達到 9 位正職員工、1 位兼職員工、7 位實習生共 17 名員工的組織規模，更詳細的組織成員介紹請見附件。

二、員工招募與企業文化

在 WhatsTheNumber 上架之後，StorySense 逐漸發展出員工招募準則，從篩選履歷到最後進行面試，招募過程主要由創辦人沈育德、共同創辦人林挺正與黃鼎翔進行履歷篩選與面試，若是由內部員工引薦的應徵者，也會參考員工意見，透過公司上下共同參與討論一同建立團隊。StorySense 要求面試者在通過第一階段的履歷篩選後，以電子郵件回覆以下三個問題：「你為什麼要來 StorySense、你做過最有成就感的事情是什麼、你遇過最大的挫折是什麼，再重來一次你會怎麼做」，上述三個問題主要目的在於了解應徵者的應徵目的以及檢視自我的能力，由於創業團隊的業務發展與組織規章都還處於建構中的狀態，故團隊成員需具備高度的工作熱忱與準備以面對創業團隊的不確定性；其次透過詢問應徵者做過最有成就感的事情與挫折，了解應徵者的自我認同以及自我檢視反省之能力。

應徵者針對上述三個問題的回答經三位創辦人一致認可後則進入面試階段，面試次數約二至三次不等，面試的目的在於了解應徵者是否具備以下五大特質：「正直與誠信、熱情、專業技能、團隊合作、文化」，最後具備此五大特質者方能成為 StorySense 的一員。

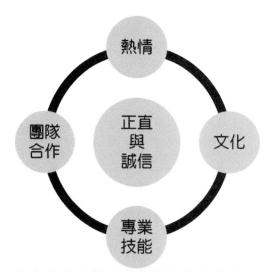

圖 2　員工招募五大特質

(一)正直與誠信

相較於起學歷與技術背景，StorySense 更重視員工的人格特質，其中首重員工的正直與誠信，員工的正直與誠信能為團隊運作打下穩固的基礎，讓團隊之間能互信合作促進企業發展。

(二)熱情

StorySense 強調的熱情並非單指對工作的熱情，還包含對生活、運動等不同興趣領域的熱情，進而衍生為員工對事物抱持的熱情與專注。在招募過程中，三位共同創辦人會透過訪問，詢問應徵者參與過的社團、比賽等活動經驗，或是請應徵者分享其興趣為何，StorySense 現任員工在運動、舞蹈、蒐藏、旅行等不同領域都有相當程度的投入，StorySense 透過「熱情」此一人格特質的篩選，建立能在工作上對興趣抱持同樣熱情與專注的工作團隊。

(三)文化

創新與交流是 StorySense 獨特的企業文化。創業初期，創辦人沈育德認為創新能力是團隊核心，比起商業或程式撰寫技能，俱有創新能力的人才更能幫助 StorySense 成長，因此沈育德刻意創造了一個由年輕人組成的團隊，據沈育德形容，這群年輕人如同一張張白紙，願意接受新知、勇於接受挑戰。創新之外，佔員工比例近半數的實習生也構成 StorySense 獨特的企業文化，在 17 位員工中，有 7 位仍在就讀大學或研究所的學生以實習生的身份進入 StorySense，與其他公司不同的是，StorySense 賦予實習生高度參與甚至決策的權力，例如於 2011 年 10 月上架的

WhatsTheNumber 第一版本，將近九成的程式是由實習生完成撰寫，因此，公司的高度信任與賦予之責任、權力讓多數實習生畢業後選擇轉為正職員工。

創辦人沈育德在建構由年輕人組成的創業團隊時，曾擔心這群資歷尚淺的年輕人會因為經驗不足或沒有判斷能力，而不敢挑戰上級、不敢發表自己的意見，故 StorySense 發展至今，賦予員工責任與高度參與的權力，創造出沒有階級之分的工作團隊與有機的工作環境，尊重每位員工的獨特風格，並鼓勵每位員工發表意見互相交流，員工彼此之間善於聆聽與討論，最後基於尊重與互信的原則下綜合大家的想法，朝著最適合公司的方向邁進。故在員工招募過程中，應徵者能否與 StorySense 強調創新與交流的企業文化契合亦是面試重點之一。

(四)團隊合作

創業團隊由於人力、資源有限，在團隊運作與產品開發的各個流程中，各個工作部門皆環環相扣交互影響，良好的團隊合作能增進團隊運作與產品開發效能，故應徵者在符合上述之正直與誠信、熱情、文化等特質後，亦須有團隊合作的精神與能力，在招募過程中會透過應徵者參與過的活動、社團或工作經驗作為評量其團隊合作精神與能力之依據。

(五)專業技能

在正直與誠信、熱情、文化與團隊合作等特質之後，最後的招募準則是應徵者的專業技能，根據公司發展所需之專業技能對應徵者具備之技能進行評估。

肆、業務發展

一、人工智慧技術引擎

創辦人沈育德成立 StorySense 的宗旨為開發「會說故事的電腦」，期望能讓電腦在面對網路眾多資訊時，依照使用者需求主動辨識、篩選並加以分析整理資訊，將資訊整理成完整的故事呈現在使用者面前，故創業初期，創辦人沈育德以其人工智慧領域之技術背景，帶領公司專注於開發人工智慧技術引擎。然而創辦人沈育德與兩位共同創辦人林挺正與黃鼎翔共同進行技術引擎開發一年多的時間以來，發現將技術引擎賣給企業的模式在台灣並不多見，企業多半都有長期合作的業務進行類似交易，故難以與企業進行技術引擎之交易。另外當時 StorySense 由於沒有穩定的營收，面臨資金短缺的問題，且技術引擎需透過實際應用才能確

定其技術是否可行，故 StorySense 決定將技術引擎作為應用程式開發之技術背景，開發一款運用人工智慧技術的手機應用程式，以驗證其人工智慧技術引擎的效能，並透過上架增加營收，於是自 2011 年起，StorySense 的業務由人工智慧技術引擎的建構轉為進行應用程式開發。

二、人工智慧應用程式

從技術引擎轉為應用程式開發之際，創辦人沈育德帶領員工進行市場調查，透過市場調查了解使用者需求，創業至今，StorySense 開發出能簡化使用者上網搜尋店家資訊的手機應用程式 WhatsTheNumber，以及一款能依照使用者需求推薦活動地點與相關資訊的手機應用程式 LAIKI，以下將分別針對 WhatsTheNumber 與 LAIKI 進行介紹。

（一）WhatsTheNumber
1. 產品構想

在 WhatsTheNumber 產品概念形成之前，StorySense 一邊建構人工智慧技術引擎，同時進行許多產品點子的發想，其中一款協助商務人士整理姓名、電子郵件、電話、住址等聯絡資訊的應用程式 NEP(Name E-mail Phone)由於使用族群限縮在擁有大量的商務人士，無法滿足多數使用者的需求，然而此時 StorySense 針對 NEP 發展的技術能讓電腦在網路眾多資料中自動分辨資料是屬於電話、電子郵件或是地址。於是 StorySense 決定善用此技術，向身邊親友詢問後，確認多數人都有使用手機搜尋電話、地址的需求，但過程相當繁瑣，首先打開搜尋網頁，接著輸入要查詢的店家名稱，然後在查詢結果頁面中選定需要的網頁，再從頁面中複製店家電話，最後將複製內容貼到電話應用程式中撥打，這一連串的過程十分繁瑣耗時，因此 StorySense 決定結合 NEP 的技術，開發一款能簡化使用者上網搜尋店家資訊的手機應用程式-WhatsTheNumber。

2. 產品簡介

　　WhatsTheNumber 是一款幫助使用者在最短時間找到電話號碼並撥號的工具，透過人工智慧辨識技術，整合搜尋步驟，幫助使用者找到所需資訊。使用者在 WhatsTheNumber 上可用打字輸入或語音搜尋的方式，找到餐廳、醫院、航空公司、旅館、銀行、電影院、火車站、政府機構、產品售後服務或技術支援……等店家或服務機構之電話號碼，接下來可直接按下撥號鍵進行訂位或洽詢等動作，另外搜尋結果也提供地址讓使用者參考。操作步驟簡便的 WhatsTheNumber 在搜尋結果上具有高度精準度，同時只需耗費極低用電量，以幾乎完全自動化的操作方式幫助使用者度過需要電話聯絡的緊急時刻，另外「我的最愛」儲存功能讓使用者可以儲存喜愛的店家成為常用聯絡資訊，更加簡化日後的使用流程。

圖 3 WhatsTheNumber 應用程式 icon

圖 4 WhatsTheNumber 應用程式截圖

3. 產品開發流程

　　StorySense 於 2011 年 7 月開始進行 WhatsTheNumber 開發，近三個月的時間完成產品開發，於 2011 年 10 月 14 日上架，以下為 WhatsTheNumber 開發流程圖：

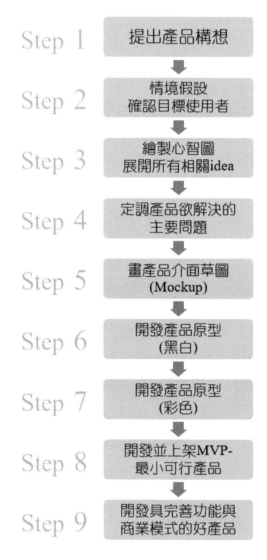

Step 1	提出產品構想
Step 2	情境假設 確認目標使用者
Step 3	繪製心智圖 展開所有相關idea
Step 4	定調產品欲解決的 主要問題
Step 5	畫產品介面草圖 (Mockup)
Step 6	開發產品原型 (黑白)
Step 7	開發產品原型 (彩色)
Step 8	開發並上架MVP- 最小可行產品
Step 9	開發具完善功能與 商業模式的好產品

圖 5 WhatsTheNumber 產品開發流程圖

　　由於當時公司團隊的開發經驗尚淺，無充裕人力能完整進行產品開發應有的每個步驟，許多工作內容都是由創辦人沈育德、共同創辦人林挺正與黃鼎翔等人身兼數職，共同擔任市場調查、開發者、設計師、產品經理等不同職責一同完成，加上當時公司希望能儘快開發一個產品上架，以推動團隊朝著共同明確的目標持

續前進，故從最初提出產品構想到產品上架只花費近三個月的時間。

　　提出產品構想是整個開發流程中的第一個步驟，團隊成員發現自身以及身邊親友都有用手機搜尋電話、地址的需求，然而當下並沒有很好的解決辦法能簡化這些需求的操作步驟，因此，StorySense 從自身需求發現市場需求，進而鎖定一個尚未被妥善解決的問題，提出能有效解決此一問題的方法便成為初步的產品構想。有了初步的產品構想後，進入第二個步驟，團隊成員開始設想使用者情境，以漫畫形式將人事時地物完整描繪，例如：一開始先設定主角為上班族，漫畫第一格呈現的是這位上班族加班到晚上八點，桌上擺著滿滿的文件；第二格則是朋友打電話來問晚上八點半聚餐的餐廳地址在哪裡、訂位了沒；第三格則是這位上班族跳上計程車匆匆用手機查詢餐廳地址以及要打電話去訂位，卻被繁瑣的步驟耽擱許多時間。透過完整的情境描繪以精確掌握不同使用者在不同情境下的不同需求，最後找出產品的目標使用者。

　　確認產品的目標使用者後，第三個步驟是團隊成員在白板上畫產品心智圖 (Mind Map)，以最初產品構想：用手機找電話、地址等資訊做發想，將相關想法展開，發現不同情境下的不同需求(例如：訂位、掛號、預約、叫快遞等等)。根據前三個步驟，在展開所有情境與需求後，再去收斂想法由產品經理找出產品欲解決的主要問題(例如：找到電話號碼、找到店家地址、打電話訂位)，為產品定位。

　　接著進入第五個步驟：在紙上繪製產品介面草圖(Mockup)，並在公司內部進行對介面草圖進行審核與修改。當公司內部一致認同介面草圖的設計後，便會使用應用程式 POP(Prototyping on Paper)將紙上的產品介面草圖轉化到智慧型手機上進行動態模擬，接著團隊成員會以能動態操作的產品原型，對心目中的目標使用者進行產品測試，此時的產品原型儘管能動態模擬，但介面仍為鉛筆繪製的黑白介面。根據目標使用者的測試結果，團隊成員會反覆修正介面設計，待鉛筆繪製的黑白介面設計普遍為多數使用者接受時，便會使用 PhotoShop 繪製彩色版的產品介面並放上圖片，呈現產品最真實的樣子，接著同樣讓使用者進行產品測試並根據測試結果修正設計。最後當介面設計為多數使用者接受時，會開發出最小可行產品(MVP)並上架於 App Store，最小可行產品(MVP)即開發團隊以最少時間與成本開發產品後，便將產品推到市場讓消費者使用，作為測試市場接受度之用。

　　StorySense 團隊從提出 WhatsTheNumber 的產品構想到上架，前後花費近三個月時間，由於開發時間較短，最初產品僅具備查詢電話與地址、撥打電話等功能，上架後透過使用者回饋意見，修正產品不足或程式錯誤之處並提升產品效能，期間隨著產品上架帶動營收成長，公司團隊開始招募設計、行銷、業務等人才使

公司組織規模更加完善，有了充裕的專業人才進行產品修正與開發，讓 WhatsTheNumber 朝向具有完善功能與設計並能創造價值的好產品邁進。

4. 產品營利模式

StorySense 是一間從技術出發的公司，故從提出 WhatsTheNumber 的產品構想到上架的期間，公司團隊僅專注於思考 WhatsTheNumber 是否符合使用者需求，以及產品上架後是否有人想要使用，因此，直到 WhatsTheNumber 上架半年後，原本只有技術人才的公司開始招募商業領域人才加入，才開始逐步建立 WhatsTheNumber 的商業模式。

WhatsTheNumber 的主要營收來源為合作店家。WhatsTheNumber 有免費版本與定價 120 元的付費版本，付費版本的使用者比例約為 3%，使用付費版本的使用者可以獲得合作店家提供的折扣優惠；另外根據使用者的搜尋結果，WhatsTheNumber 可提供相關廣告資訊，例如當有使用者搜尋小兒科診所的資訊，WhatsTheNumber 便會推薦童裝或嬰幼兒用品的相關廣告；另一種與店家合作的方式為，店家可依照自身需求設計搜尋結果的版面呈現方式，讓該店家的搜尋結果更具特色以吸引使用者目光；最後一種合作方式是 StorySense 團隊在分析使用者搜尋結果時無意間發現的廣告形式，在 WhatsTheNumber 的搜尋欄位中，有淺色的店家名稱作為告知使用者如何操作 APP 的提示，起初的操作提示店家為鼎王麻辣火鍋店，幾個月下來，團隊發現鼎王麻辣火鍋店的搜尋結果高出許多，撥出電話頻率也隨之增加，於是 StorySense 團隊換了另一個店家作為操作提示，之後該店家的搜尋結果與電話撥出頻率也提高許多，因而發現搜尋欄的提示亦能作為廣告之一。

5. 產品營利模式

WhatsTheNumber 自 2011 年 10 月 14 日上架，一個禮拜後達成 10 萬下載次數，目前全球有超過 83 萬下載次數。在台灣，有超過 60 萬名使用者使用 WhatsTheNumber，每個月進行超過 50 萬次搜尋，其中搜尋完會進行電話撥號的比率超過 23%。

2013 年 6 月，鑒於多數使用者仍習慣使用 Google 進行資訊搜尋，在難以徹底改變使用者習慣的情形下，WhatsTheNumber 的下載數量不再有大幅度的增長，營收成長表現也逐漸停滯，故 StorySense 決定停止 WhatsTheNumber 的技術開發，著重於業務拓展，加強對店家進行廣告業務推廣。

宣布 WhatsTheNumber 停止技術開發的當天，創辦人沈育德在早會中向員工宣

布此消息，許多員工與身邊親友都感到相當不捨，於是沈育德以 Intel 放棄 DRAM 轉而研發 CPU 的故事解釋 StorySense 必須停止 WhatsTheNumber 技術開發的原因。過去，Intel 是以 DRAM 起家，許多員工都以 Intel 是 DRAM 領導廠商而自豪，然而某天日本廠商也開始加入製造 DRAM 的行列，起初 Intel 並不以為意，直到日本廠商的 DRAM 逐漸獲得市場青睞，影響 Intel 原有的市佔率並影響營收時，Intel 開始思索下一步該怎麼做，當時三位創辦人聚在一起討論著：「如果董事會解僱我們，新任 CEO 會怎麼做？」接著他們得到了共同的解答：「撤掉 DRAM 部門，關閉所有 DRAM 廠」於是他們心想：「何不由他們自己動手呢？」當時 Intel 的微處理器在市場漸漸嶄露頭角，於是他們排除外界質疑聲浪以及員工情感認同等問題，轉而投入 CPU 研發，接著面臨長達三年的離職潮，最後創近三十年的 CPU 王朝。

據創辦人沈育德所述，WhatsTheNumber 上架以來，帶領公司成長茁壯，現在的 StorySense 像一艘船，所有員工齊心划槳向前邁進，過去 WhatsTheNumber 提供 StorySense 向前進的動力，隨著動力漸弱，公司必須尋找新的目標以注入新的動力。

（二）LAIKI

1. 產品構想

決定停止 WhatsTheNumber 技術開發後，創辦人沈育德除了與公司員工共同進行新產品的創意發想，同時也會向投資人、身邊親友進行討論。參考內部員工創意發想與各方討論結果後，決定開發一款整理集結活動與店家資訊的應用程式，自 WhatsTheNumber 上架以來，StorySense 的人工智慧技術引擎累積了龐大的店家資訊，這些資訊成為開發 LAIKI 的重要資源，最初的產品構想是希望能依據使用者的 Facebook 使用行為，替使用者整理出他可能會感興趣的演唱會、展覽、演講等活動，並主動向使用者推薦，同時加入社群功能，讓使用者能邀請具共同興趣的朋友一同參加活動。在進行一次次的市場調查後，發現使用者在搜尋活動資訊之餘，更常搜尋的是哪間下午茶很有特色、晚餐要吃什麼、晚餐後的散步地點等資訊，於是透過市場調查不斷修正產品方向，最後 LAIKI 定調為一款能依照使用者需求推薦活動地點與相關資訊的手機應用程式，LAIKI 測試版於 2013 年 12 月上架於 App Store。

2. 產品簡介

LAIKI 是一款能依照使用者需求推薦活動地點與相關資訊的手機應用程式，

很多時候使用者對於聚會地點或要從事的活動沒有想法,這時許多人會上網查詢最近熱門的餐廳與活動地點做為參考依據,LAIKI 透過其人工智慧技術引擎,加以分析使用者的 Facebook 使用行為與當下的地理位置,進而推薦使用者適合的活動地點資訊。另外 LAIKI 也提供更貼近使用者需求的推薦服務,根據不同情境與需求,使用者可以對 LAIKI 說出:「可以跟好朋友盡情聊天的地方」、「適合聖誕節家庭聚餐的餐廳」、「跟客戶吃飯談生意的地點」、「有貓咪的咖啡廳」等敘述性文字,LAIKI 便可運用人工智慧技術引擎推薦使用者適合的地點。此外,每一筆推薦項目中,LAIKI 亦會提供地點圖片、網路評價、評鑑分數、價位、電話、地址地圖等資訊,方便使用者在瀏覽 LAIKI 推薦的店家與活動時能一併掌握相關資訊,另外 LAIKI 也提供分享與收藏等管理功能,讓使用者在發現喜歡的店家或活動資訊時,能予以收藏並分享給親朋好友。

圖 6 LAIKI 應用程式 icon

圖 7 LAIKI 應用程式截圖

3. 產品開發流程

　　有了 WhatsTheNumber 的開發經驗，LAIKI 的開發流程更趨完善嚴謹。相較於 WhatsTheNumber 開發時期，員工需同時兼任開發者、設計師等不同職責的工作分配情形，LAIKI 的開發流程隨著組織規模擴張，在員工職責與工作分配上有了更妥善的規劃。

　　LAIKI 的開發過程由於人力、資金比起 WhatsTheNumber 的開發過程更為充裕，故 LAIKI 上架前能經過更縝密、精確的市場調查與產品測試，讓產品上架時更能貼近市場消費者的需求。此外，LAIKI 的開發承襲了許多來自 WhatsTheNumber 的寶貴經驗與資源，創辦人沈育德表示，進行新產品開發時，最理想的情況是能在開發產品的第一天便知道以下三件事：

(1)使用者想要什麼樣的產品

(2)技術是否能達到該產品所需

(3)這個產品能不能賺錢要如何賺錢

　　開發 WhatsTheNumber 時，由於是技術背景的公司，但對市場毫無概念，所以當時只能確定第二件事：技術是否能達到該產品所需，到了 LAIKI 的開發階段，公司團隊有了市場調查的經驗，更能了解市場上的使用者想要什麼產品，另外從 WhatsTheNumber 的發展中與許多店家有業務合作關係，從中也幫助 LAIKI 建立產品營利模式。

　　從 WhatsTheNumber 到 LAIKI，StorySense 的產品開發流程更加嚴謹完整。儘管過程更加繁複，StorySense 仍讓不同工作部門共同參與產品開發的各個階段，讓分屬不同工作部門的員工確實掌握產品開發進度，並即時針對產品提出意見，同時能在資源有限的情況下，有效整合各方資源發揮最大效用。然而隨著組織規模從 5 人擴編至 17 人，且多方共同參與產品各個開發流程的模式下，組織成員間的衝突也隨之增加，StorySense 員工在抱持「以公司願景為優先考量」的共識下，面對衝突時，不以多數服從少數的方式進行，而是從衝突中盡力找出共識，進而持續推動產品開發，不讓產品因組織成員發生意見衝突而停滯不前。

伍、StorySense 未來展望

　　面對資訊爆炸的時代，StorySense 以開發「會說故事的電腦」為目標，期望運用人工智慧技術幫助使用者解決資訊爆炸的問題，讓電腦懂得蒐集使用者需要的資訊，並且主動針對使用者需求進行資訊分析，最後能省去處理資訊的繁瑣過程，

直接提供給使用者一個完整的故事。同時，在開發「會說故事的電腦」目標下，StorySense 致力於讓使用界面與流程更加友善、簡便，打造讓不同年齡、國籍與文化背景的使用者都能簡單操作的應用程式。

陸、教案手冊

(一)前言

Story Sense 個案主要討論創辦人沈育德如何從開始具有「以人工智慧讓生活更美好」的初衷，落實到較完整創業概念的過程，與創業的成員間如何組成與篩選。

當初 WhatsTheNumber 直接以一般消費市場為目標，而不考慮企業市場是值得討論的議題。因此，從個案中延伸出的主要議題為，如何將單純的「人工智慧概念」到真正落實，產出想法，並開創新事業，開發了第一個成功產品。而團隊中不同專業與領域的衝突，如何消弭。新產品開發又會遇到什麼挑戰。藉由個案的描述，以及授課講師的引導，讓學生能夠進行思考與討論，並發想出可能的創新方案。

(二)個案討論之主題與背景

台灣的新創事業從創業動機的形成到發展為創業概念往往存在一段距離。從 StorySense 的個案中，瞭解創業的緣由與團隊的建立，瞭解創業主如何將所學應用到市場上，團隊間發生產品與人際衝突又如何解決。本個案以 StorySense 所面臨的情境作為討論的脈絡，提供學生從他人的創業實務中吸取經驗。

新創事業而言，資源有限，新產品開發時的專案組織如何從無到有產出一個新產品，往往會面臨到很多問題，因此人在新創團隊中扮演很大的角色，包括產品市場的選擇、產品的設計等，每個環節如何的互相搭配也是個案公司必須思考的。

就理論與實務而言，本個案可以對新創事業的發展有初步的認識，瞭解新創業團隊如何組建團隊，讓大家適得其位，並且快速適應並產生凝聚力往公司目標前進，以團隊發展模型與企業文化理論，提供選擇夥伴以及團隊建構的核心概念。在產品開發中強調市場的選擇，透過比較企業市場以及消費者市場經營的差異，以了解不同經營模式的重要議題，而團隊於新產品開發時個案公司採用(XP)極限開發與敏捷軟體開發概念，將極限開發的精神與要素運用到 WhatsTheNumber 與 LAIKI 的產品製作流程上。

整體個案而言，著重於新創事業的發展歷程，以 StorySense 創業過程中所遇到的挑戰，及產品開發面對的議題來教導學生如何從俱有創業動機到落實概念，務實評估新產品的未來機會，尋找團隊夥伴，並學習團隊溝通的技巧，預先設想新產品開發所將面臨的挑戰，提供學生創業或專案處理之經驗。

(三)個案試用之教學領域與議題

1. 教學與學習目標

(1)　創業動機緣起到創業概念形成

(2)　創業團隊的組成與分工

(3)　探討經營模式的選擇

(4)　產品開發與通路合作

(5)　新產品開發的過程與困難

2. 使用課程與對象

(1)　學生適用背景：資工系所、資管系所、電子系所、電機系所、資訊系所、企業管理系所、科技管理系所、工業管理系所。

(2)　相關教學主題：網際網路與應用、人工智慧導論、電子商務、人因工程、嵌入式系統程式設計、科技與創新管理、新事業發展。

(四)教學指引時間規劃

表 1　教學指引時間規劃

主題	時間（分鐘）	累計時間（分鐘）
1. 開場	5	5
2. 個案公司緣起與創業形成	10	15
3. 新創團隊的建立與夥伴的篩選	20	35
4. 經營模式的選擇-企業或消費者市場	15	50
5. 產品構想來源與業務合作	15	65
6. 軟體產品開發流程	15	80
7. 課堂學習結論	10	90

(五) 教學指引與重點

1. 教學主軸

　　本個案教學主軸是透過循序漸進的方式，教學過程先從公司創業初期出發，討論創立公司的緣起，了解 StorySense 起初如何將「讓阿公阿嬤都會使用的人工智慧軟體」之想法，轉化為商業概念的過程；並了解新創公司當初是如何選擇其夥伴，團隊內如何分工。而在創業概念型塑後，創業者需確定公司的目標市場為何，透過 StorySense 開發 WhatsTheNumber 時所面臨的市場選擇議題，分析公司考量因素為何以及如何在企業與終端消費者間做選擇。最後，StorySense 團隊於新產品開發時採用(XP)極限開發與敏捷軟體開發的概念，藉由課程的個案討論，引導學生在課堂上思考各種可能的情境，新並發想出產品如何從無到有的開發策略方案。學生除了可以了解管理工具方法外，更可藉由實務界所面臨的困難與使用方法，了解理論如何應用，進而達到學習的綜效。

2. 教學重點與建議問題

表 2　教學重點與建議問題

時間(分)	主題	教學重點	參考問題
5	開場	破冰	1. 是否擁有過創業的夢想？ 2. 是否有聽 WhatsTheNumber？親身經驗或網路看到皆可
10	個案公司緣起與創業形成	1. StorySense 的創立背景、組織結構、企業文化等 2. 討論如何將創業動機發展到創業概念	1. StorySense 當初如何將「以人工智慧讓生活更美好」的初衷落實進而創業？ 2. 從有創業動機到真正創業的期間有遇到哪些困難(資源、人力、財務)？ 3. 在創業之前是否需要先有產品雛型的想法？
20	新創團隊建立與夥伴的篩選	1. 討論新創團隊成長過程以及團隊規模的變化 2. 探討如何在團隊建立的過程中選擇符合企業文化的團隊夥伴	1. 新創團隊隨著產品的開發，團隊規模如何變化？ 2. 初創期間理想的創業夥伴條件為何？如何挑選志同道合的夥伴？
15	經營模式的選擇一	1. 新創事業面對新產品開發如何選擇目標市場，引導學生思	1. 企業市場和一般消費市場有何不同？

	企業或消費者市場	考不同經營模式的購買者屬性、需求模式等 2. 比較 B2C 及 B2B 兩市場經營模式的差異	2. StorySense 為何挑選終端消費者為主要發展市場？ 3. 對新創公司而言，如何依照不同市場擬定適當的經營策略？
15	產品構想來源與業務合作	1. WhatsTheNumber 產品開發與業務合作，引導學生思考熱門商品在一段時間過後是否停止軟體開發 2. 探討何時又開發 LAIKI 的市場，新產品的靈感來自於何處	1. WhatsTheNumber 目前決定停止軟體開發，未來朝向商業合作方式進行，你認同嗎？ 2. WhatsTheNumber 還可以做什麼調整？ 3. 開發 LAIKI 的市場是否能讓 Storysense 拓展更多的消費者
15	軟體產品開發流程	1. 在資源與時間有限下，引導學生思考開發新產品時，如何在短時間內讓產品上架並且符合組織目標 2. 探討產品除了本身軟體應用外，還可以如何與外界廠商做結合	1. 軟體產品之開發過程為何？當市場改變時，流程是否也跟隨改變？ 2. 當產品停止開發後，營利模式從哪裡來？
10	課堂學習結論	透過前述課程的探討與分析，學生可以討論未來 StorySense 是否持續以成為使用者心中的人工智慧為開發品牌，並且擴大創業團隊，為公司注入更多的活水	1. WhatsTheNumber 未來是否有更進一步的規劃與應用？ 2. 新產品 LAIKI 的構想為何？是否能為公司帶來新的發展？

(六)教學方案重點與流程規劃

表 3　教學方案重點與流程規劃

流程規劃	教學方案重點
1. 開場 個案公司創業緣起	(1) 公司創業緣起討論 (2) 人工智慧領域之技術演化討論 介紹 StorySense 的緣起與公司創立背景,透過「以人工智慧讓生活更美好」為初衷,進而落實到完成創業概念的過程為討論
2. 新創團隊的建立 與夥伴的篩選	(1) 了解創業團隊的成長之路 (2) 團隊夥伴的選擇與角色分工 本部分主要探討新創公司事業發展與團隊規模介紹,並在建立團隊過程中,篩選符合企業文化的員工
3. 經營模式的選擇	(1) 比較企業市場和一般消費市場的差異 (2) 探討經營模式的選擇 本部分先分析企業市場以及消費者市場經營的差異,再帶出本個案公司開發 WhatsTheNumber 時所面臨的市場選擇為議題
4. 產品構想來源 與業務合作	(1) 產品構想來源與資源整合 (2) 拓展新產品的市場與業務尋找新的合作 本部分先探討開發 WhatsTheNumber 的過程以及 WhatsTheNumber 接下來的發展,進而分析新產品 LAIKI 的開發與合作
5. 軟體產品開發流程	(1) 新產品開發過程 (2) 產品在市場上的獲利模式 本部分探討產品從無到有的開發過程,先了解 XP 極限開發的精神與要素,再一進步對 WhatsTheNumber 與 Laiki 開發過程做分析,並比較兩者之間的差異
6. 課堂學習結論	本部分重點在於討論在發現創業機會後,如何規劃到一個完整的創業構想,並找到志同道合的夥伴,而產品最後該賣給企業或是終端消費者,藉由個案公司的實例介紹,讓學生更有討論的畫面,從而對新產品開發與團隊建立有更深入的了解

(七)教案背景資訊補充

1. 新創團隊成長模型與企業文化理論

(1) 新創團隊成長模型

　　談到新創企業的創立或投資,團隊,絕對是關鍵。AppWorks 共同創辦人暨合夥人詹益鑑投身創業、創新、創投等領域多年,從他自身參與幾次創業的歷程,

還有培育百來個團隊、投資二十家公司的經驗，發現新創公司的主題也許不同、商業模式各有千秋，但在不同階段的組織發展，卻都會遇到相似的狀況與問題。因此，詹益鑑在「Venture Two Cents 險而議見」部落格中將新創公司的成長分成兩個時期、六個階段，從團隊創始初期一直到進入資本市場，團隊人數從個位數一路成長到三位數的過程中，將會遭遇哪些核心問題、商業階段、資源規劃等面向進行以下分析。

表 4　新創公司的成整階段

團隊規模	商業階段	資金來源	核心議題
1 – 2 人	想法測試	個人	願景、理念
3 – 4 人	產品測試	家人、友人	互補性、默契
5 – 10 人	市場測試	天使投資	價值觀、文化
11 – 30 人	營收規模化	機構投資、創投	成長性、組織
30 – 100 人	獲利規模化	大型投資機構	獲利力、財務
100 人以上	資本規模化	資本市場	執行力、管理

資料來源：詹益鑑「Venture Two Cents 險而議見」網路部落格

I. 第一個階段：1~2 人

　　這是創業的最早期，無論創業者是學生或就業人士，創業多半屬於兼職狀態，利用課餘或下班時間，嘗試想法、參加聚會，並且把產品原型或商業模式的概念逐漸架構出來。由於是兼職，因此資源有限，多半也缺乏創業經驗；讓團隊繼續前進的，主要是「想要解決問題的熱情與遠景」，或者稱為「願景」與「理念」。

　　也由於是兼職狀態，暫時沒有經濟上的壓力，你只要養活自己就好，創業主題往往會運用家庭、學校、政府或研究機構、公司組織的部分資源，還有個人的閒置資金，進行產品開發或技術投入。

　　若我們把創業比喻為「從 0 到 1(找到商業模式)」與「從 1 到 100(進行規模化)」兩個階段的話，這個階段大概還在零點附近徘徊。

II. 第二個階段：3~4 人

　　經過了一段時間的偷偷摸摸，創業計畫開始具體，起初的想法念頭，變成可以運作的網站、產品或者 APP，這時候團隊會開始找伙伴，可能是你的同學、同事，或在聚會跟競賽中認識的朋友，幫你一起開發產品、推廣市場，並且，你開始認真思考全職創業這回事。

　　既然要準備全職創業，團隊會開始討論財務規劃，認真思考收入、支出、薪水、費用等，除了掏出自己的零用錢跟存款，也會開始找身邊的親友當股東。有些團隊會因此成立公司、設立股權關係，有些則用長期借貸的方式，讓自己得以全心投入創業。

　　這個階段的創業團隊，是最關鍵的人力組合。價值觀跟理念是否一致、工作方式與默契能否建立，還有背景、知識、技能的互補性，都將長期影響這個團隊未來的發展潛力。這個階段必須要能建立完整的產品或服務模型，讓一定數量的消費者測試，並且得到市場回饋資訊，藉由精實創業的精神，快速調整產品、修正商業模式，讓創業階段逐漸「從 0 接近 1」。

III.第三個階段：5~10 人

　　全職創業一段時間，產品或服務也經過市場測試了，開始有生意進來、客戶上門、流量成長、營收產生，電話、電子郵件總是回覆不完，網站更新或產品開發的進度卻老是落後，你發現事情太多、人手不足，於是你開始要聘請員工了。

　　由於只是新創企業、沒沒無名的小公司，可能也難吸引到大企業的資深員工，於是你會開始找剛畢業的社會新鮮人，最好是自己學校的學弟妹，至少可以透過學長姊的身份跟創業的機會誘因來吸引他們。

　　不過，多數台灣的大學生或研究生缺乏產業經驗，極少有在公司或新創企業實習的經驗。因此這個階段你要花大量的時間訓練這批新人，而且會感受到許多挫折，也會慢慢學會如何有效率的面試新人與帶人，甚至開除員工。過程中應該也必須要經過一段不斷汰換員工的階段，因為這個時期的員工，就是未來公司組織的骨幹，一旦公司成長到下個階段，他們就是各部門的主管或重要幹部，如果對於公司長期願景與價值觀、溝通能力與工作習慣等沒有共同的信念與默契，那麼未來公司內部一定會出現大量的摩擦與紛爭，埋下不安定的因子。

　　而這個階段也是創業首部曲「0→1」階段的最後一步，資本市場還不會正式接受你，但會出現一些天使投資人或種子投資基金(例如我們的本善創投基金)，希望能參與公司的經營。

IV.　第四個階段：11~30 人

　　這個階段，市場開始接受你的產品或服務，開始確立成功商業模式(或稱為找到了 Product-Market-Fit, PMF)，跨出「0→1」的那道鴻溝，進入大眾市場與事業規模化的階段。

　　這個時期，公司最具體的目標是「營收規模化」，因此會開始區分成本中心、

利潤中心等單位，開始劃分財務、管理、技術、產品、業務、客服等部門，原本的創業核心團隊跟初始員工，也紛紛擔任部門主管跟中階經理人，甚至開始要找具有即戰力、熟悉產業或市場的重要員工。

公司的營收規模、資本規模、員工規模，都會在這個時期歷經快速且大規模的成長，因此各種內隱跟外顯知識的累積，組織與人力資源的規劃與執行，都是這個階段的關鍵。也因為「規模化」的需求，因為人力擴充的費用支出，這個時候你需要「較大規模種子投資」或者「A 輪/B 輪投資機構」的參與。

V. 第五個階段：30~100 人

終於，你成為一家有規模、有組織、有市場知名度與品牌的公司了。為了要成為市場中的寡佔者或龍頭，為了加速甩開已經出現的競爭者，甚至幫早期投資人尋求出場機會，你必須全速前進。

「獲利規模化」與「財務能力」，是這個階段的核心目標，也是你是否能跨入資本市場的關鍵。這個時期，要快速擴張資本跟業務能力，挖角「一級戰將」加入企業，透過通路與合作夥伴展開各種行銷活動，因此，你需要「大型投資機構」(金控或企業投資)或「策略合作夥伴」(上下游廠商或潛在併購買方)的加入，為你進入資本市場，補上關鍵的資金與資源。

VI. 第六個階段：100 人以上

一切的努力，好像就是為了這一刻的到來。此階段團隊敲開了資本市場的大門，擁有了成長引擎、獲利能力、一個組織完整的企業，但也有許多競爭者虎視眈眈。

你開始發現國內市場已經飽和、垂直產業已經不再具有吸引力，你開始規劃海外擴張或投資的計畫，或者進入另一個你不熟悉但是很有潛力的市場。你，開始成為企業內的投資人，尋求創新的動力，並且開始恐懼風險。記得，永遠保持新創公司的習慣與態度，你將得以繼續前進。

除了為使用者與客戶創造價值，你也開始為員工跟創始團隊打造更大的平台，透過資本市場來創造更好的薪酬與誘因。「執行力」與「管理」成為你最關心也最重要的課題，如何透過公開市場籌資，爭取更多的資源與機會，成為你工作的主要動力。

有些人，會在這個時候退場，尋求下一個創業機會。也有些人，會直接退休。還有些人，會跳到資本市場端，成為天使投資人，或者擔任創投的角色。但無論如何，走到這個階段，歷經這麼多的挑戰，你絕對是成功的創業者！

　　把上面六個階段稍微整理，可發現，前面三個階段(從 1 到 10 人)是「想法、產品、市場」的測試階段，這個時期就是精實創業中講的「利用 MVP 尋找 PMF」，快速的透過「Build → Measure → Learn(BML 循環)」來改善產品、建立口碑與品牌，找到成功的商業模式。

　　後面三個階段，是「營收、獲利、資本」的規模化階段，在市場口碑與品牌形象初步建立下，透過資源與資金的擴張，還有團隊與組織的成長，逐步加強成長性、獲利力、執行力。

　　第一個時期(前三階段)的重點如果是領導，第二個時期(後三個階段)的重點就是管理。而創業者能否從領導者轉換為管理者，或者找到適合的專業經理人擔任執行長或協助營運(例如 Google 的 Eric Schmidt，以及 Facebook 的 Sheryl Sandberg)，往往是企業能否順利跨越鴻溝的關鍵因素。

(2)　組織文化
I.定義
■　Robbins (1993)：
　　對組織文化的定義強調組織成員共同的知覺，一種共享意義的系統，使組織也別於其他組織。他強調組織文化的認知層面，認為組織文化具有共同分享的信念、價值與規範，且對組織具有獨特的認同感。
■　Schein (1989)：
　　組織面對外部環境的調適及內部的整合過程中，所建立的基本假設模式。當組織能良好並認為能有效的運作時，這些想法與基本架設會被用來教導新進成員去接受、思考和感覺相關問題。

II. 理論模型，Robbins (2001)：
■　用人政策，僱用想法的人
■　教導員工，同化員工
■　創辦人身教鼓勵員工認同

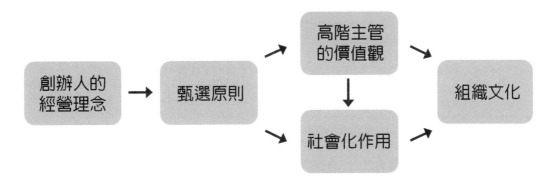

圖 8 Robbins　理論模型

2. 經營模式的選擇

　　新創事業於初期第一個面臨的問題即是選擇經營的模式。依照交易對象來區分，電子商務之經營模式類型可大致分為四類：企業對企業(B2B)，企業對消費者(B2C)，消費者對消費者(C2C)，消費者對企業(C2B)。而其中，B2B 及 B2C 為兩大較為主要的經營模式。

　　劉文良(2013)認為 B2B 以及 B2C 之解決買者資訊搜集的成本不同。也就是說，由於企業顧客較少，要解決的需求有較高的獨特性，賣方企業必須花費較高的成本，來提供較願意主動搜尋相關資訊的企業買方相符合的價值的服務。而相對的，面對數量較多的一般消費者，賣方企業要解決的需求較具一般性，此時要注重的是針對目標市場提供一致的定位訴求，透過行銷推廣，來讓消費者認識賣方企業，以解決其資訊的搜尋成本。

　　Hogue(2000)認為 B2B 以及 B2C 的不同在於：

I.　所需面對的顧客不同：B2C 是指最終消費者與企業間的交易；B2B 是指企業與企業間的交易。

II.　採購流程不同：定義產品、搜尋目錄、比較產品、購買； B2B 的採購流程：詢價、要求報價、選擇賣主、下購買訂單、進行付款流程。

III.企業應用模式不同：相較於 B2C 的應用模式，B2B 的應用模式就較為複雜且更需要對於企業內部系統進行整合。

　　張曉霞、寧德煌(2007)比較 B2B 及 B2C 之 4P 行銷組合俱有不同特徵，如下所示：

表 5 B2B 及 B2C 行銷組合比較

	B2B	B2C
產品	工業品居多，為客戶需求而定製	消費品居多，標準化
定價	買賣雙方談判	賣方決定定價策略
通路	以直銷的通路為主	透過中間商銷售
促銷	業務人員推銷、企業廣告	廣告、銷售促進方案

綜上所述，本個案將 B2B 及 B2C 差異彙整如下表：

表 6 差異比較表

		B2B	B2C
交易對象		企業	最終消費者
與顧客間關係		培養持續長期的關係、夥伴形式	關係較鬆散、一視同仁
應用模式		複雜	單純
購買流程		購買量大、金額大 理性專業性採購	購買量小、金額小 感性較非專業性採購
行銷組合	產品	工業品居多 為客戶需求而定製	消費品居多 標準化
	定價	買賣雙方談判	賣方決定定價策略
	通路	以直銷的通路為主 需要銷售訪問	透過中間商銷售
	促銷	業務人員推銷、企業廣告	廣告、銷售促進方案

　　如上表所示，企業市場及終端消費者市場存在極大的差異。與企業做交易，由於企業購買者的攝入程度較高，購買金額大，應用模式較為複雜，為較專業理性的採購，需要業務員長期的銷售拜訪來促成交易，買賣雙方之間也需要常會面維繫長期穩定的關係。而面對終端消費者，購買者攝入程度低，購買金額低，應用的服務會較為容易，且購買者較為感性，企業需要注重的是瞄準目標顧客，運用行銷或促銷手法讓其「認識」到賣家的商品，使終端消費者「認知」到賣家的價值。

3. 敏捷軟體開發與極限開發之精神與要素

(1) 敏捷軟體開發

　　敏捷軟體開發 (Agile Software Development)又稱敏捷開發，是一種從 1990 年

代開始逐漸引起廣泛關注的一些新型軟體開發方法，正式名稱起源於 2001 年初在美國猶他州的雪鳥滑雪勝地，由一群專家群聚召開會議組成敏捷聯盟 (Agile Alience)，提出能讓軟體開發團隊更有效率地運作、提升快速應對面化需求的軟體開發能力的敏捷宣言(The Agile Manifesto)與原則。敏捷軟體開發較適用於小規模團隊，強調程式設計師團隊與業務之間的緊密合作、面對面的溝通、頻繁提交更新的軟體版本、緊湊而自我組織型的團隊、良好適應需求變化的程式撰寫和團隊組織。

I.敏捷聯盟成員

Kent Beck	James Grenning	Robert C. Martin
Mike Beedle	Jim Highsmith	Steve Mellor
Arie van Bennekum	Andrew Hunt	Ken Schwaber
Alistair Cockburn	Ron Jeffries	Jeff Sutherland
Ward Cunningham	Jon Kern	Dave Thomas
Martin Fowler	Brian Marick	

II. 敏捷宣言

　　藉著親自並協助他人進行軟體開發，我們正致力於發掘更優良的軟體開發方法。透過這樣的努力，我們已建立以下價值觀：

■ 獨立的個體與成員間互動勝於流程與工具的管理

　Individuals and interactions over processes and tools

■ 工作產生的軟體勝於廣泛而全面的文件

　Working software over comprehensive documentation

■ 客戶的合作勝於契約的談判

　Customer collaboration over contract negotiation

■ 回應變動勝於遵循計畫

　Responding to change over following a plan

III.敏捷原則

■ 透過及早並持續地交付有價值的軟體來滿足客戶需求是首要任務。

■ 竭誠歡迎改變需求，即使在開發後期亦然。敏捷流程掌控變更，以維護客戶的競爭優勢。

■ 頻繁交付可用的軟體，頻率可以從數週到數個月，以較短時間間隔為佳。

■ 業務人員與開發者必須在專案中全程共同合作。

■ 以積極的個人來建構專案，給予他們所需的環境與支援，並信任他們可以完成工作。

■ 面對面的溝通是傳遞資訊給開發團隊及團隊成員之間效率最高且效果最佳的方法。

■ 可用的軟體是最主要的進度評量方法。

■ 敏捷程序提倡可持續的開發。贊助者、開發者及使用者應當能不斷地維持穩定的步調。

■ 持續追求優越的技術與優良的設計，以強化敏捷性。

■ 精簡 Simplicity—將未完成的工作量極大化之工藝是不可或缺的。

■ 最佳的架構、需求與設計皆來自於能自我組織的團隊。

■ 團隊定期自省如何更有效率，並據之適當地調整與修正自己的行為。

(2) 極限開發

極限開發或稱極限編程(Extreme Programming，簡稱 XP)是敏捷軟體開發的方法學之一，最早由 Kent Beck, Ward Cunningham 與 Ron Jeffries 所提出，此方法首次在 C3(Chrysler Comprehensive Compensation System)克萊斯勒綜合報酬系統的開發專案上被提出，當時專案的負責人正是 Kent Beck，同時亦是《極限編程解析》作者。儘管克萊斯勒最後取消此 專案，但極限開發方法仍持續在軟體開發領域中受到矚目。下圖為採用極限開發模式之專案流程圖：

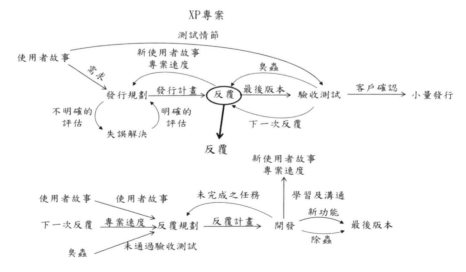

圖 9 專案流程圖

I.極限開發對軟體開發的四種基本行為定義

■ 程式編碼(Coding)：極限開發主張軟體開發過程中，真正重要的產出就是程式碼。

■ 軟體測試(Testing)：如果程式碼沒有經過測試，那就不能認定它是可行的。

■ 傾聽需求(Listening)：傾聽客戶的實際需求，了解業務邏輯(Business Logic)需求背後的故事，持續地在程式設計師與客戶間進行溝通

■ 系統設計(Designing)：程式設計師須著重系統設計，即使上述的三點工作達成，缺乏好的系統設計，程式也無法成功運作。

II. 極限開發之價值

　　於 1991 年 10 月出版之《極限編程解析》一書提出四項極限開發之價值，爾後在第二版中又新增第五項價值，故目前定義之極限開發的價值為：溝通、精簡、反饋、勇氣、尊重等五項。

■ 溝通(Communication)

　　構建一個軟體系統的基本任務之一就是與系統的開發者溝通以確認系統的具體需求。傳統的軟體開發方法常透過文件定義客戶的規格需求，即所謂的規格需求書；極限開發則提倡程式開發者與客戶透過經常性的口頭溝通交流，確保程式開發者與客戶具有基於相同水準之共識，同時鼓勵客戶提出意見反饋作為程式設計修改之參考。

■ 精簡(Simplicity)

　　極限開發鼓勵從最簡單的解決方式入手，再透過不斷重構以達到更好的結果。此方法與傳統系統開發方式的不同之處在於，極限開發只關注於對當下的需求來進行設計、編碼，而不去理會未來可能出現的需求，因為未來有太多的變化風險。

■ 反饋(Feedback)

● 來自系統的反饋 Feedback from the system
　 透過單元測試，程式開發者能直接了解系統狀態。

● 來自客戶的反饋 Feedback from the customer
　 透過功能性測試讓客戶了解系統的開發進度，通常二至三個禮拜進行一次評估
　 (類似專案管理中的專案會議)。

● 來自團隊的反饋 Feedback from the team
　 當客戶在專案會議中提出新需求，工作團隊可直接針對新需求評估所需要的工作時間，並且回饋給客戶。

反饋與「溝通」、「簡單」這兩項價值緊密聯繫。為了溝通系統中的缺陷，可以透過編寫單元測試，簡單驗證某一段代碼是否存在問題。來自系統的直接反饋訊息將提醒程式開發者注意這一部分。使用者可藉由定義好的功能需求為依據，對系統進行周期性的測試。Kent Beck 曾說：「編程中的樂觀主義是危險的，而及時反饋則是解決它的方法。」

■ 勇氣(Courage)

　　極限開發鼓勵開發者勇於重構(Refactoring)程式碼，意即重新審查現有系統並完善它，使以後出現的變化需求能更容易被實作。勇氣也與精簡這項價值有關連，勇氣能避免開發者陷入系統設計架構的迷思，避免當開發者想要加入新功能時，擔心程式碼一經變動會影響其他功能，礙於各種因素考量導致最後毫無進展。因此，極限開發認為開發者應該具備勇氣重構。

■ 尊重(Respect)

　　尊重是在《極限編程解析》第二版新增的第五項價值，其中談到程式開發者的尊重與自重。尊重的價值體現在很多方面，儘管極限開發倡導程式之產出屬於團隊，歡迎任何成員進行修改，但團隊成員間應互相尊重，每位成員應保證送出的任何改變不會導致程式碼測試失敗，或者以其他方式導致工作延期。團隊成員對於他們工作的尊重體現在他們總是堅持追求高品質，堅持透過重構的方式來為目前的工作找到最好的解決方案。

III.極限開發之原則

　　基於極限開發之價值，組成極限開發之原則。相較於價值，原則更加具體可做為決策時的指引。

■ 快速反饋

　　當反饋能做到及時、迅速，將發揮極大的作用。極限開發強調與開發者與客戶緊密交流溝通，為貫徹快速反饋之原則，能透過單元測試及時驗證程式碼，讓開發者與客戶皆能清楚掌握開發中系統的狀況以掌控開發方向。

■ 精簡假設

　　此原則強調程式以最精簡的方式完成每個需求，不需像傳統開發方法一樣考慮未來的可能性。

■ 包容變化

　　面對客戶提出的需求，極限開發提倡開發者應予以包容，並且擬定計劃使得下一個階段的產品能夠滿足新的需求。

創新產品設計與商品化

陳彥廷[1]

摘要

　　「創新產品設計與商品化」是結合課堂教學、產業實況和學生創造力等三方技轉合作的創新課程，以創新產品設計教學為主軸，大眾籌資資料庫為平台，產學雙管齊下，引導同學將創意概念變成量產商品，從學習和實作中親身體驗創新商品化模式，真正與產業新時代趨勢接軌。

關鍵詞：概念商品化、產品設計、電子商務、大眾籌資、數位行銷

壹、個案本文

一、個案背景、總覽與目的

　　我國設計在全球各大設計競賽中，無論在產品設計、商品設計、消費型產品、包裝設計等各領域，獲得非常多的國際獎項，積累了許多專利智財，但大部份的作品都只停留在得獎與專利，倘若能實際落實商品化、商業化，將解決更多人生活上的問題，進而創造不容小覷的經濟產值。但大部份的概念作品都是學生突發奇想、天馬行空的創作，這些作品想要商業化，必須重新從設計師本位思考轉換成用戶本位思考，並與行銷團隊合作，執行重新市場定位、募集資金、行銷宣傳及銷售物流等步驟，完成商品化上市前的準備，根據台灣創意設計中心統計，國際四大設計獎項，包括：德國 iF 與紅點設計獎、日本 Good Design、美國 IDEA，台灣已於 2012 年累積達 1,565 件獲獎作品，但其中真正執行商品化的作品卻寥寥無幾。因此如何將「創意」變成「生意」，已然成為我國設計發展下一個重要並努力的方向。

　　本課程計畫與里米斯科技股份有限公司合作，運用其電子商務平台，讓學生

---

[1] 國立臺灣科技大學建築系助理教授。

作品能第一時間與消費者接觸，了解消費者痛點，進而提出設計解決之道，實踐商品化的實務教學方法。

二、個案公司與產業概況描述

　　過去 20 年，台灣以「世界的電子代工廠」創造經濟奇蹟，然而面對電子產業成長停滯、東南亞代工廠崛起，傳統塑膠射出廠與模具廠的訂單逐漸萎縮。里米斯科技股份有限公司平台串連傳統加工廠，致力將台灣的發明能量透過創新電子平台，帶來另一波產業轉型與升級的浪潮。里米斯科技股份有限公司(LimitStyle Inc.)成立於 2012 年，以「成為最了解消費者生活問題的組織」為核心理念。秉持著這樣的理念，建立線上網路平台匯聚群眾智慧，並串連生產供應鏈將創意發明以高品質製作出來，用最超值的價格提供給消費者。LimitStyle 企圖回應這樣的期待，而我們提出的解決方案，是創建一個每個人都能發聲並且得益的平台。消費者在這裡決定他需要的產品是什麼、該賣多少錢、該長什麼樣，並能以超實惠的價格購買；設計師與發明家把在這裡實現他們的創意價值，同時得到利潤回饋；傳產工廠因為這個平台能得到更多的訂單，當創意更多，標準更高，工廠的技術也跟著升級。三大經營方針：

(一)建構「全民都是發明家」的生活文化

　　文化創意如果只有造型跟花樣在貨架上的呈現，這樣的文化是膚淺且無法積累的。如果有一天，每個人都開始檢視生活細節，提出問題，共同改善，這樣的正向循環，將讓生活教育與設計基因深深埋入我們的文化中。

(二)設計「設計商品的方法」

　　要解決的問題是不是普遍存在的，解決的方法是不是大家需要的，產品能否以符合期待的品質與價格生產出來，一切都由所有人共同決定，不再是某個工作室負責人或品牌設計總監拍板定案！

(三)杜絕「生產浪費」的無效率模式

　　只有被證明有市場需要的產品才會被生產出來，不再有「高貴但不實用的藝術品」或「便宜但不耐用的次級品」欺騙消費者的情感了。

三、服務創新與設計

　　本課程結合創新產品設計教學與 LimitStyle 與量產實務習作，開放電子商務平

台消費者資料庫供學生作為創作智庫，並由 LimitStyle 串聯製造廠與機構設計師擔任模具開發指導(圖1)，帶領同學完整參與了解設計商品化運作流程，從概念設計→用戶研究→產品外觀設計→網路行銷文案→產品效果圖呈現→上線商品修改→3D 量產模具工廠學習→市場定價， 學習從不同的角度思考設計商品化，用不同的工具解決各種階段問題，在創意與務實中取得平衡，達成設計與市場雙贏。

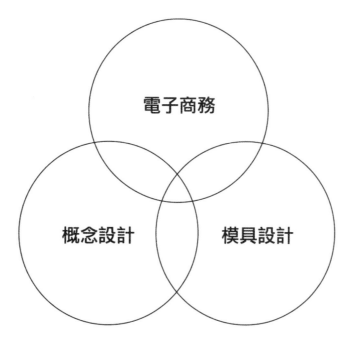

圖 1 本課程結合概念設計與量產模具開發，透過 LimitStyle 電子商務平台，
在創意與務實中取得雙方合作平衡，達成設計與市場雙贏。

貳、個案教學討論

一、教學目標與課程設計

本文以 2015 上學期創意商品化課程為主軸，在產品設計教學中，加入電子商務平台的顧客即時回饋，以及來自生產廠的專業機構設計輔導，使產品設計思考過程與市場各方保持高度互動，增進同學們對市場需求的了解，並刺激實驗精神找出各種商品化限制的突破口。課程中， LimitStyle 提供電子商務經驗與通路平台，搭配量產實務與數位行銷教學，同學們可將課堂作業做為上市練習，簡單三步驟「選出好作品→預購好產品→購買好商品」，在平台中發表作品、投放廣告，

並透過線上票選與預購，快速有效地了解消費者對作品的喜好與建議，學習連結創意與生意。本課程目標項目列舉如下：

(一) 設計思考方法

(二) 設計提案的量產可行性評估與修正

(三) 工廠量產模具設計方法

(四) 設計的價位 vs.商業模式的價值定位實務

(五) 使用數據分析與產品設計經營策略方法

(六) 設計商品化結案報告設計

二、個案課程進行綱要與過程

本課程架構深入淺出，力求緊密結合理論與實務，同時兼顧產品創新與市場可行性，18 週 54 小時包含基礎設計思考、創作執行方法，以及進階的大數據用戶調研，商品設計定案與修改等，共分成六個階段進行之。

(一)第一階段：設計思考了解 LimitStyle 商務平台

從不同的角度與使用者經驗(設計師、生產者與消費者)，多視角探討設計商品化的重要性，並簡介 LimitStyle 眾籌平台運作邏輯與流程，幫助同學們了解電子商務模式與設計消費趨勢。在課程的初步階段，也會請同學們練習創意思考並找出課堂創作的方向，鎖定居家生活、衛浴用品、3C 產品三大領域，發展生活情境並找出痛點，發想 3 個解決方案。

(二)第二階段：Pro/E 軟體學習

透過專業軟體教學，訓練同學將想法實際繪製成設計圖，並進一步建立數位模型。在 Pro/E 教學中，除了軟體操作與建模技術，老師也會同步在課堂中教授產品外觀的工學與造型，並由機構工程師針對不同作品進行產品內部機構的運作輔導，使同學們內外兼顧的完全思考並了解產品設計。

(三)第三階段：新媒體行銷與廣告製作

帶領同學把 3D 外觀設計圖，進一步渲染成精美的商品照，並搭配廣告文案課程，製作出 2~3 個社群媒體廣告與產品問卷(ex：Facebook)，進行消費者投票與問卷回饋，從中分析作品的市場反應。

(四)第四階段：EVT、DVT、PVT 規劃

透過三個階段檢視產品。一、工程驗證測試階段 EVT(Engineering Verification

Test)：考慮產品是否可行，檢視是否有遺漏任何技術規格。二、設計驗證測試階段 DVT(Design Verification Test)：將所有可能的外觀設計完成，並檢視是否符合消費者需求。三、生產驗證測試階段 PVT(Production Verification Test)：在產品設計外觀與機構大致定案時，最後做量產前的驗證，確定現有工廠技術能確實依 3D 檔案做出產品。

(五)第五階段：工廠學習

透過實際的工廠參觀，了解拔模角、分模線、射出料、模具、滑塊、頂出銷等實際量產所遇到的問題，幫助同學了解自己的作品如何進行最後量產修改。

(六)第六階段：期末專題報告

整理 18 週來所有階段的成果，從發現問題、概念發想、用戶分析、問卷調查、EVT 修改、DVT 修改，一直到商業模型、PVT 修改、網頁廣告設計等，幫助同學們回顧並檢討整個設計發展過程。

三、個案課程成果與效益

本案透過課程逐步完成概念發想、產品開發、市場研究分析與量產商品化教學，自 2015 年至 2016 共有 6 件課堂作業成功量產，預購金額達新台幣 185 萬元(不含銷售金額)，詳列如下：

表 1　課堂產品名稱與線上預購募資金額表

項目	課堂產品名稱	線上預購募資金額
一	i 旋轉	募集新台幣 659,007，順利量產
二	發票分類本	募集新台幣 343,193，順利量產
三	粒擠出冰塊盒	募集新台幣 315,410，順利量產
四	保溫瓶蓋清潔刷	募集新台幣 208,620，順利量產
五	小耳朵洗衣袋	募集新台幣 192,893，順利量產
六	籤筆	募集新台幣 130,884，順利量產
	總金額	新台幣 1,850,007(不含銷售金額)

(一)i旋轉／設計者：王旌

『充分利用插座空間，充電不再卡卡！』

「i 旋轉」共有 3 組塑膠零件，分別是插座端上蓋、插頭端下蓋、以及內部安全內蓋；上蓋和下蓋會使用高強度 ABS 材質、內蓋會使用防火的 PC 參入玻璃纖維材質。另外導電的銅片零件也會有 3 組，包含插座端挾持座、插頭端刃片、以

及中央導通環。以上所有材質皆會通過台灣BSMI安規認證，並符合額定電流15A、
額定電壓125V的家用電器標準！

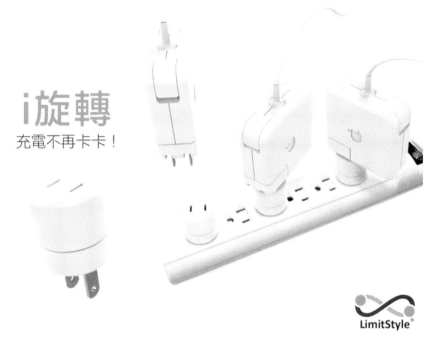

圖 2　i 旋轉-可 180 度自由旋轉插頭，充分利用插座空間，充電不再卡卡

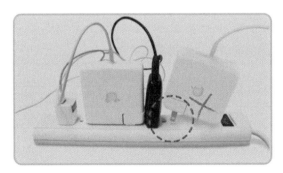

明明還有插座可以用，偏偏被太大的充電器卡住或擋住而不能用...

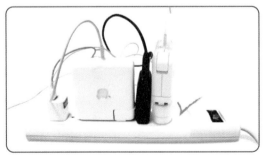

只要讓充電器轉個方向，馬上騰出適當空間，讓插座孔能被充分運用！

圖 3　i 旋轉-透過旋轉，輕鬆解決充電器體積問題

 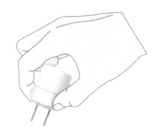 

180° 旋轉
插頭不必
拔來拔去喬位置

省力好拔
底部凹槽設計
方便施力拔取

多種用途
充電器、變壓器等
大插頭都適用！

圖4　i旋轉-輕鬆旋轉、省力好拔、適用各種充電器和變壓器

霧面黑　　　　輕雲白

圖5　i旋轉-霧面黑、輕雲白，兩種受歡迎的基本色彩

（二）發票分類本／設計者：蔣理

『收納發票、逐張對獎很浪費時間嗎？發票分類本一次解決！』

　　發票分類本的收納情境，跟大家「一拿到發票會如何收納」也很有關聯。經過設計團隊統計，高達 75%的人會直接收進錢包、累積一定量再一次拿出來收納；15%的人習慣直接丟口袋；9%的人會特別準備專屬的收納小物；僅有 1%的人不習慣索取發票。你是不是也和大多數人一樣，會收進錢包、一段時間後再拿出來收呢？那發票分類本一定符合你的需求！

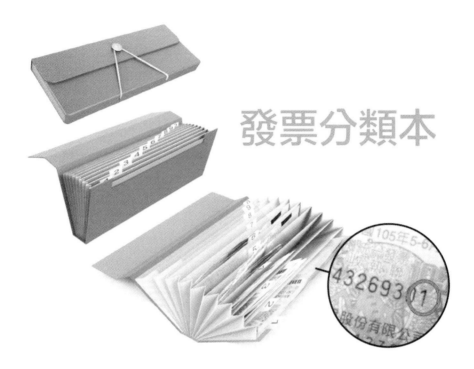

圖 6   發票分類本-依據發票尾數,有條不紊的收納發票

0~9共10格,直接依照發票的尾數做分類即可 。

兌獎時,拿出有中獎尾數的發票就好,不必再花時間整理!

圖 7   發票分類本-輕鬆整齊的收納發票,並且方便快速兌獎

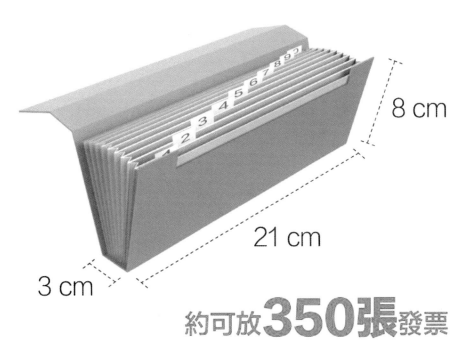

約可放350張發票

圖 8　發票分類本-小體積大容量，每本可收納約 350 張發票

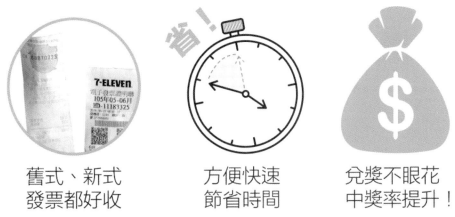

舊式、新式　　　方便快速　　　兌獎不眼花
發票都好收　　　節省時間　　　中獎率提升！

圖 9　發票分類本-無論新舊式發票都好收、輕鬆提升兌獎效率

圖 10　發票分類本－湖水藍、輕雲白、櫻花粉三種時尚色彩

(三)粒擠出冰塊盒／設計者：咎亭瑜

『一次一粒　冰塊不四散！』

　　以柔軟矽膠製成的製冰盒，搭配多次實驗改良的滑蓋，「滑蓋蓋子是否好推開」是大家多次提到的問題。尤其製冰盒身為軟性矽膠，蓋子太緊摩擦力大就不好推開，太鬆則密封度又變差。團隊經過多次測試確認，成功取得兩者的間隙平衡。配色上，除了長期受到大家喜愛的湖水藍、輕雲白，本次新增「萊姆黃」，讓產品系列更增添夏天清爽色彩！

圖 11　粒擠出冰塊盒-一次擠出一粒冰塊，製冰取冰更順手

圖 12　粒擠出冰塊盒-發現問題，一般製冰盒冰塊取出不易，容易四散噴濺

圖 13　粒擠出冰塊盒-以柔軟的矽膠材質製成，擠壓式輕鬆取冰

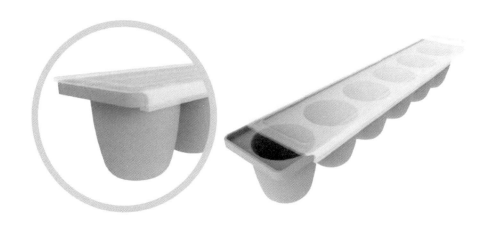

 蓋子貼合盒身
好滑動又保護密合！

圖 14　粒擠出冰塊盒-精算設計過的上蓋，密合性佳且容易推滑

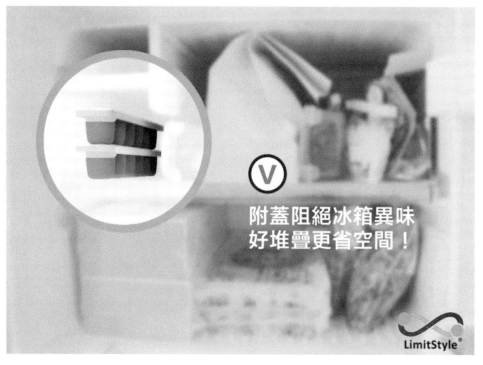

圖 15　粒擠出冰塊盒-附蓋阻絕冰箱異味，同時容易堆疊節省空間

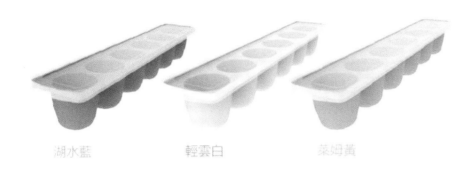

圖 16　粒擠出冰塊盒-湖水藍、輕雲白、萊姆黃三種清爽色彩

(四)保溫瓶蓋清潔刷／設計者：黃曼玲、魏廷恩

『瓶蓋汙垢剋星，能深入清潔瓶蓋縫隙，清除污漬無死角！』

　　薄型刷頭，上方薄型海綿包覆，加上ＰＰ塑膠材質的刷柄具有彈性，能服貼並深入瓶蓋隙縫死角，施力方便，不會卡卡，清洗又容易，除了保溫瓶蓋，一般水壺的縫隙也都能夠深入清潔。讓您每天都能健康飲水。

圖 17　保溫瓶蓋清潔刷-瓶蓋汙垢剋星，能深入清潔瓶蓋縫隙，清除污漬無死角

還在用棉花棒清理變髒的瓶蓋縫隙嗎？

Ⓧ 費時、難用、清不乾淨

圖 18 保溫瓶蓋清潔刷-使用前狀況分析

就算是瓶蓋縫隙
薄型海綿也可彎曲深入

圖 19 保溫瓶蓋清潔刷-使用後狀況分析

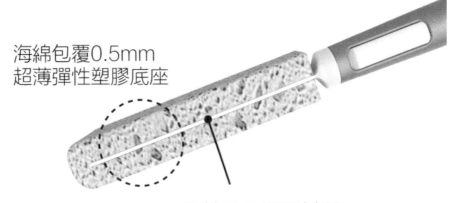

海綿包覆0.5mm
超薄彈性塑膠底座

彈性ＰＰ塑膠材質
服貼深入瓶蓋隙縫死角
施力方便，清洗容易

圖 20　保溫瓶蓋清潔刷-產品細節呈現

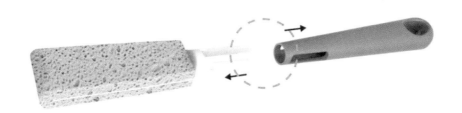

可替換刷頭

不必等到海綿整個爛掉才要換刷頭
只要覺得髒了就立即更換
隨時保持刷頭的清潔。

圖 21　保溫瓶蓋清潔刷-刷頭細節呈現

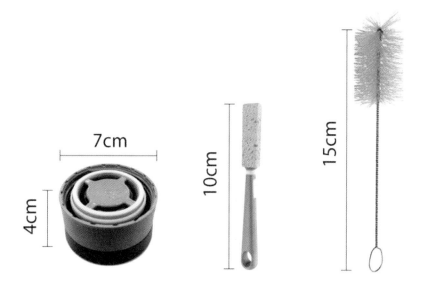

圖 22　保溫瓶蓋清潔刷-與一般市售清潔刷尺寸比較

(五)小耳朵洗衣袋／設計者：曾詩詠

『丟洗衣籃同時完成衣物分類，省時又省力！』

　　別於一般圓筒洗衣袋側筒拉鍊形式，將拉鍊位置變更至圓面邊緣，加以織帶三邊固定，為的是使洗衣袋能立體撐開讓衣服更好投入！14 公分長的織帶結合按鈕，除了方便好鈕，並能適用各尺寸洗衣籃。此外，每道車縫邊均經過兩層縫製，即使懸吊承受多件衣物重量，車邊依舊非常穩固密合，更安心！

圖 23　小耳朵洗衣袋-輕鬆幫助使用者進行洗衣分類

 衣服丟在籃子裡，襪子
內衣褲都混在一起了！

 洗衣服前還要個別分類
裝到洗衣袋，好麻煩！

圖 24　小耳朵洗衣袋-常見洗衣籃問題觀察與分析

圖 25 小耳朵洗衣袋-透過洗衣袋將髒污衣物分類，清洗時更方便

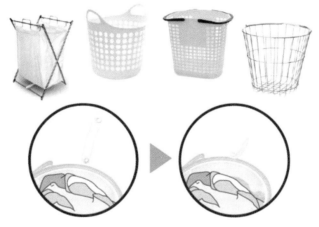

 吊掛方便

使用「塑膠扣」掛帶吊掛，多種洗衣分類
籃皆能使用。丟進洗衣機也不怕生鏽！

圖 26 小耳朵洗衣袋-細節呈現，塑膠扣方便吊掛於多種材質尺寸的洗衣籃

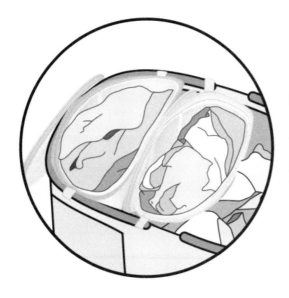

分類專門

利用洗衣袋柔軟的特性
可依個人分類需求，
同時吊掛數個洗衣袋！

圖 27 小耳朵洗衣袋-細節呈現，將多個洗衣袋掛在洗衣籃，依個人需求輕鬆分類

洗衣袋容量建議
（約洗衣袋7成滿）

牛仔褲

約1~2件

內褲

約5~7件

襯衫＆T恤

約2~3件

裙子

約2~3件

襪子

約10雙

洋裝

約1~2件

圖 28 小耳朵洗衣袋-資訊圖像化，說明每個洗衣袋建議容量

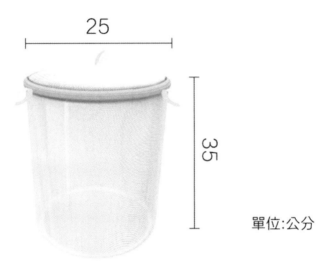

單位:公分

圖 29　小耳朵洗衣袋-外觀尺寸圖

(六)籤筆／設計者：吳柔萱

『筆的好朋友』

　　經過近 10 種電鍍的選色和 3 次電鍍上色，籤筆終於達到我們要求的質感。這次的樣品非原本的 ABS 塑膠電鍍，而是 PC 塑膠真空電鍍樣品。工程團隊請教工廠師傅後了解到，由於 PC 塑膠耐高溫、韌性強，適合可達 200°C 高溫的真空電鍍。而最後噴塗 UV 油的工法，讓表面更有光澤，同時有抗掉色的效果。

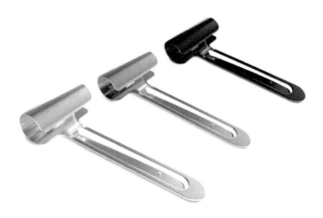

圖 30　籤筆-筆的好朋友，結合筆插與書籤功能

圖 31　籤筆-問題分析，做筆記或使用行事曆時常找不到筆，也忘記正讀到哪一頁

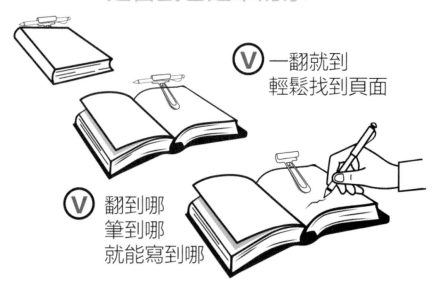

圖 32　籤筆-產品使用說明，結合書籤與筆插，一翻開就找到頁面和筆

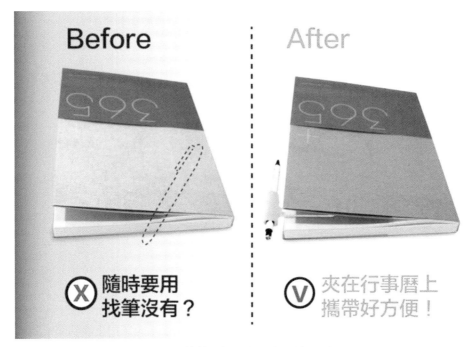

圖 33 籤筆-使用前與使用後比較圖

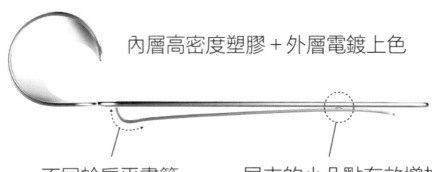

圖 34 籤筆-商品設計細節說明,高密度塑膠加電鍍,
並透過小凸點設計增加紙張抓合力

圖 35　籤筆-優點與差異點廣告，提升閱讀與記事效率

四、教學建議

　　本案為產學合作課程，在課堂中結合產品設計理論與實務，讓同學們從設計發想、建模造物到實際生產，透過電子商務平台與市場高度互動，順利達成商品化目標的同時，使同學們在學生時代修完一門課就有一件量產作品，從中獲得寶貴的市場經驗與成就感，也同時獲得實際分潤，是一個值得創新設計課程嘗試的新方向。以下提供 18 週 3 學分的授課規劃，教學進度與內容配置如下表：

表 2　課程授課規劃表

周數	重點目標	課程內容規劃
1	課堂簡介	(1) 從不同的角度／經驗(設計師／生產者／消費者)，多視角探討設計商品化的重要性。 (2) 簡介 LimitStyle 平台運作邏輯與流程，請同學回家也多研究瞭解電子商務與眾籌行銷趨勢和內容。
2	課堂討論	尋找生活中的痛點。
3	發展問題情境	小組討論，發展 1 個生活問題的發生情境。
4	設計思考	(1) 檢視各組解決方案，從討論中瞭解解決方案的可行性高低。 (2) 設計商品化流程介紹。
5	檢視解決方案	持續檢視各組解決方案，討論各方案內容與修正進度。
6	生活問題思考	(1) 了解產品如何表現。 (2) 練習以 5WIH3F 進行設計思考。
7	產品概念定案	確定產品設計方向與外觀草圖
8	ProE 教學	(1) 3D 軟體教學 (2) 產品外觀與機構建模輔導。
9	ProE 教學	(1) 3D 軟體教學 (2) 產品外觀與機構建模輔導。
10	行銷與廣告	(1) 了解新媒體行銷原理與操作技巧。 (2) 3D 渲染圖與廣告文案製作。
11	問卷設計	問卷設計概論
12	階段成效檢視	(1) 檢視線上廣告成效。 (2) 討論消費者問卷回饋。
13	生產實務輔導	(1) EVT、DVT、PVT 教學。 (2) 一半上課，一半設計修改拔模角。
14	模型實作	(1) 檢討 EVT 規劃。 (2) 製作模型。
15	模型測試	現場修改模型或更換題目。
16	行銷劇本 工廠參訪	(1) 預購圖版型教學(上線完整版)。 (2) 一半上課，一半設計修改。
17	設計修改	(1) 個案討論 (2) 一半上課，一半設計修改。
18	期末發表	期末考報告 (1) 課堂 PDF 檔 (2) 3D 建模 ProE 檔 (3) 線上預購圖和廣告圖

參、參考文獻

1. 里米斯科技股份有限公司介紹：
   https://www.104.com.tw/jobbank/custjob/index.php?r=cust&j=5e7446715e704d285
   6463f223c323a6313c3e466f383a426b40463e212121211e1494e523543j01

2. 籤筆，http://www.limitstyle.com/event/shop/42

3. 保溫瓶蓋清潔刷，http://www.limitstyle.com/event/shop/63

4. 小耳朵洗衣袋，http://limitstyle.com/event/preorder/112

5. 粒擠出冰塊盒，http://limitstyle.com/event/preorder/119

6. 發票分類本，http://limitstyle.com/event/preorder/120

7. i 旋轉，http://limitstyle.com/event/preorder/88

多層次傳銷-天下何來免費的午餐

王致悅[1]

摘要

老鼠會(pyramid scheme)，或稱傳銷，在美國和大部分歐洲國家屬刑事犯罪，世界上某些地區以不干預商業運作為由不立法監管，某些地區則透過公平交易法規來規範。在中華民國，老鼠會為法律所不容，多層次傳銷(multilevel marketing)則是許可受規範的商業行為。一些多層次傳銷商業模式是老鼠會的變種。本文檢視多層次傳銷的數學、道德、與法律問題，使學生和民眾得以辨認出不道德的傳銷活動。如果參與者因招募下線經銷商而抽成，它就是多層次行銷。如果因招募下線而抽成但鮮少實質販售，它就是老鼠會。

壹、個案本文

一、OO 團購

某知名入口網站上的 OO 團購自一年前結合一些公司，開發創新商業模式，讓消費者有購物回饋，介紹會員也有佣金，還能成為經銷商。目前會員人數有五萬人，實際販售商品的招商會員有一千人。在說明會上，某鑽石會員現身說法，說自己一年內招募了四個下線即分紅了五百萬，這是個結合電子商務的創新商業模式，商機無限，及早加入會員可快速致富。入會等級愈高獲利愈大。該公司並已進軍中國和馬來西亞，股票還將在美國上市。

二、蘋果日報報導-大學生休學做直銷

「我休學，因為讀書讓我變笨了。」「找兩個下線，月入百萬不是夢！」兩年前以「讀書無用論」讓大學生休學做直銷的森青利通公司被《蘋果》踢爆後，遭公平會罰款一百萬元瓦解。但《蘋果》再踢爆森青解體後，許多學生未復學，改賣每個八千八百八十元的濾水器，吹噓「三個月後可月領七十二萬元。」記者

---

[1] 國立臺灣科技大學應用科技學院副教授(兼任)。

稱沒錢加入，他們竟教唆向父母「善意欺騙」弄錢。

三、UDN 報導-期待好市多不收會員費？專家告訴你驚人事實

知名零售商好市多以大包裝、低售價受到廣大喜愛，然而，想要走進店裡卻有一個很麻煩的前提：你得先辦會員卡。這與我們以往熟悉的家樂福、全聯等截然不同。許多人暗自期待，也許有一天，好市多會取消非會員不得入場消費的制度。但是，財經專家揭露了驚人的事實：好市多如果不收會員費，就會賠錢。

根據 15 日的商周財富網，財經專家 Joseph 在文中指出，「2014 年 COSTCO 的淨利為 20.6 億，而會員費收了 24.3 億，也就是說 COSTCO 如果不收會員費就是一家賠錢的公司，根據財報，過去五年年年如此。」好市多銷售毛利 10.66%，幾乎與管銷費用 9.89%打平，如果不收會員費，當然賺不了錢，所以它甚至被戲稱為一家「剛好有賣東西」的俱樂部。

四、安麗

1979 年、美國聯邦貿易委員會(FTC)判定安麗(Amway)並未違反反金字塔法(93 F.T.C. 618)，但是因操縱價格、誇大經銷商收入被判有罪。FTC 下令安麗在有關聲明收入時要揭露真正經銷商會員的平均收入，並要指出半數以上並未賺錢，有的會員平均月收入在一百美元以下。安麗 1986 年的一系列廣告被認為違法，被裁罰十萬美元。

五、UDN 報導 2016-07-16-代價 2 億美元 花錢消災賀寶芙股漲

營養品直銷公司賀寶芙(Herbalife)15 日和美國聯邦貿易委員會(FTC)和解，避開老鼠會的指控，可是要付 2 億美元解決它誤導消費者可藉由賣產品賺大錢的指控。

FTC 的決定使賀寶芙烏雲盡消，15 日盤中股價曾勁升 20%以上，達 72.22 美元。最後收 65.25 美元，漲 9.92%。今年來，該公司股價漲約二成。

避險基金經理人艾克曼 (Bill Ackman)2012 年指控賀寶芙以老鼠會手法吸金詐財，並針對賀寶芙股票放空 10 億美元，使賀寶芙股價大跌。

FTC 的調查集中在賀寶芙的銷售結構仰賴購買其產品的會員形成多層直銷，並藉著尋找下線擴大分銷網。此情況對產品的實際零售需求沒有明確證據的分銷鍊。

FTC 指控賀寶芙欺騙消費者，讓消費者相信他們能夠藉著把產品帶進市場獲得豐厚利潤。FTC 說，賀寶芙保證會員每個月可賺到幾千美元，可是分銷商有一半以上 2014 年平均收入不到 300 美元。

　　根據和解協議，賀寶芙必須改變其酬勞制度，把實際的銷售成績歸給使用其產品的用戶。2 億美元和解金將分配給大量購買其產品，並因此賠錢的賀寶芙「營養俱樂部」成員。

貳、個案討論

一、名詞定義

(一)直銷

　　直售(direct selling)，按世界直銷聯盟的定義，指以面對面且非定點之方式，銷售商品和服務。直銷(direct marketing)，是指沒有中間商的行銷方式。直銷者繞過傳統批發或零售通路，直接從顧客接收訂單。

(二)多層次行銷

　　多層次行銷(multilevel marketing, MLM)，簡稱傳銷，又稱結構行銷(structure marketing)、蜂窩式行銷(cellular marketing)、網絡行銷(network marketing)，是直銷行業規模擴大後的一種行銷模式，發源於 20 世紀的美國。單層次直銷與多層次傳銷不同之處在於，單層次直銷不涉及人員的招募，只從顧客交易中獲得獎金。多層次傳銷獲取銷售獎金的方式有二：一、經由銷售產品及服務消費者；二、自直屬下線的銷售額或購買額中賺取佣金，也可自直屬下線的再下線組織的銷售購買總額中抽傭。

　　多層次傳銷的從業者為傳銷公司的會員，統稱為傳銷商或分銷商(distributor)。傳銷商沒有固定的月薪，跟傳銷公司，也就是贊助商(sponsor)，沒有直接的雇用關係。傳銷商成為公司會員後，獲得授權以批發價購買產品，再將產品銷售給他人，以賺取零售價與批發價的差額。此外，傳銷公司鼓勵傳銷商招募新人成為該傳銷商的「下線」，發展銷售組織，幫助銷售產品和再招募新人。傳銷商透過朋輩關係，產品口碑，將產品推銷給相熟的人。

(三)金字塔騙局/老鼠會

金字塔騙局(pyramid scheme)、金字塔式銷售，台灣又稱老鼠會，香港稱為層壓式推銷，是一種參與者通過介紹其他人加入而賺取佣金的行為。參與者的佣金來自新會員的入會費，一層壓一層，如金字塔般。公司通常沒有提供產品或服務，或是以高於市值出售產品服務。老鼠會推銷手法至少有 100 年的歷史。是一種不能持久的商業運作模式。

老鼠會參與者付出會費後，要介紹其他人入會才有收入，上層的參與者可以分享下層參與者的入會費，人數增加之快有如鼠類繁殖。發起人是最終得益者，受害的是低層的參與者。為了欺騙民眾入會，通常偽造假個案和假資料。

老鼠會是無商品服務銷售的多層次傳銷。最早的投資者確實收到高回報，但這些收益是由新會員支付的，並非真正的商業回報。當傳銷被啟動的那一刻起，總負債就超過其資產。它可以產生財富的唯一途徑是招募更多的會員。由於人口是有限的，願意參加傳銷的人口更有限，傳銷終將失去動力，造成金字塔崩塌。

(四)龐氏騙局

龐氏騙局(Ponzi scheme)、又稱為「非法集資」、「非法吸金」或「種金」，是一種以高收益率為誘餌，用後來投資者的錢來支付給前面投資者的欺詐性金融騙局。龐氏騙局源自美國一名義大利移民查爾斯·龐茲(Charles Ponzi)，他於 1919 年成立一空殼公司，許諾投資者將在三個月內獲得 40%的利潤回報，然後把新投資者的錢快速付給最初投資的人，以誘使更多的人上當。龐氏在七個月內吸引了三萬名投資者，陰謀持續了一年之久才被戳破。

龐氏騙局參與者認為他們的收入是他們的投資回報，為犯罪受害者。老鼠會傳銷者則知道自己在尋找新的參與者以得利，法律上為該犯罪計劃共謀者。

二、問題

多層次傳銷與老鼠會相似，它利用人際網絡進行銷售和招募人員，備受批評。多層次傳銷經營手法包括以下特點(表 1)[1] ：

表 1　傳銷經營手法

多層次傳銷經營手法	
1.	傳銷模式為金字塔式銷售
2.	傳銷商不可改變銷售產品的價格
3.	入會費高昂
4.	強調招募人員多於銷售產品
5.	公司投入過多金錢於招募培訓人員之教材
6.	使用鼓動招募、經營行為與邪教類似
7.	會員需購買公司的產品
8.	產品效能被誇大
9.	獎金抽傭制度複雜
10.	使用技巧讓低層次的會員永遠待在低層次

　　因為多層次傳銷模式與老鼠會同樣著重招募人員和發展銷售組織，所以不少人誤以為多層次傳銷等同於老鼠會。一些多層次傳銷模型的確是老鼠會的變種。

三、教學目標與適用課程

　　傳銷模式與 18-19 世紀社會學中人口呈等比級數增長的數學理論和歷史發展有關。本產業個案教材適用西方科學文明史課程和其他商業或社會學課程。一些多層次傳銷商業模式是老鼠會的變種。本教材目標為檢視多層次傳銷計劃的數學、道德、與法律問題，使學生得以認識傳銷活動，並辨認出不道德的商業模式。

四、學生課前討論

　　學生先檢視某知名入口網站上的 OO 團購會員的商業模式。然後據其會員招募方案討論是否有不道德之疑慮。尋求商業道德的定義，思考如何經營才能合乎道德、才能永續經營。鼓勵學生計算數學，審視是否少數人獲利大部分會員卻賠錢。最後結合法律判例觀點，檢視其宣傳是否誇大或已在台灣或他國違法。

五、教學建議

　　本個案可延伸出許多主題，包括數學檢驗獲利方式，思考道德問題，審查不同國家傳銷的法規。在此提供 50 分鐘的教學計劃，時間配置建議如表 2：

表 2 教學計劃時間配置

時間	主題	討論重點	參考說明
5 分鐘	個案本文	● 引導學生進入個案情景 ● 會員制的商業模式	壹、個案本文： 　一、OO 團購 　二、其他
8 分鐘	個案總覽	● 名詞定義 ● 產業概況	貳、個案總覽： 　一、名詞定義 　二、問題 　三、教學目標與適用課程 　四、學生課前討論
2 分鐘	個案分析	● 個案廣告營運模式	參、個案分析： 　一、OO 團購廣告
10 分鐘	數學模型	● 八球模型 ● 二聯模型	參、個案分析： 　二、傳銷數學模型
25 分鐘	個案討論	● 道德爭議思考定義道德 ● 找出給予判斷準則 ● 檢視判例再次思考定義合法和道德 ● 瞭解不同國家法律之不同	肆、個案討論： 　一、歷史 　二、道德問題 　三、判斷準則 　四、法律問題 伍、結論

參、個案分析

一、OO 團購廣告

　　OO 團購整合電子商務系統，運作組織模式，創立美好未來並將放眼世界，創新商業模式讓消費者享有購物回饋，介紹會員也有佣金，也能販售商品成為經銷商。

　　OO 團購在知名入口網站上，在知名入口網站上刊登廣告的公司需有三年的歷史，產品在 500 種以上，還必須有信託銀行。OO 團購有 2,000 種產品。目前會員人數有五萬人。販售商品招商會員有一千人。

購物網共有四大類獎金：

(一) 推薦獎金　10-15%、

(二) 安置獎金　1%、

(三) 對碰獎金　小邊 15%、

(四) 輔導獎金　十代對碰獎 5%。

招商會員消費後還可賺取紅利 PV(point volumn)值。例如：小明用最高等級三鑽的方式加入，等於經營三家直營團購網路商店，收入變三倍。小明入會費 59,700 元，推薦了 A 和 B　兩個經營權。推薦獎金 15%，也就是 18,000 PV * 15% * 2 = 2,700 元　* 2。直推對碰獎金是小邊的 15%，也就是 18,000 PV * 15%= 2,700 元。安置獎金 1%，18,000 PV * 1% * 2 =360 元。所以入會費只等同 59,700 - (2,700*3) - (180*2) = 51,240　元。

入會時購物商城贈送 $19,900　折扣金可以使用，每招募一下線會員可獲得 $3,000　紅利回饋，下線的下線也有同等回饋金。在　OO　購物網上消費，每樣東西也有紅利 PV，消費所產生的 PV 值與你的大邊 PV　對碰，產生對碰獎金，下線消費也可賺到 PV。上線可幫助到下線，免重消，免囤貨，免銷售，每月不用負擔沉重的消費壓力。會費開立發票。若購買商品還可對開發票節以節稅。

商家開發百業整合：尋找合作商家，可獲得此商品營業額 5%的利潤。股票分紅吸引人才：打造全球最大團購網，現階段已完成網路平臺及系統支援，市場利潤將與大家共用，是符合趨勢潮流永續經營的商業模式。達到直接推薦人數以上的領袖，有機會免費得到或是認購公司股票。

二、傳銷的數學模型

網路上有許多「快速致富」的計劃。有些是金字塔傳銷(老鼠會)，有些是勉強合法的多層次傳銷商業模式。很明顯 OO 團購企業主要收入來源是招募下線。

最簡單的傳銷是連鎖信騙局(Chain letter scam)[2]。例如，A 致函 B 等 2 人要求他們各給 1 元，然後 B 也送信給另 2 人各要求一元。A 和在 B 級的人都賺了至少 2　元。連鎖信也常伴有迷信，說打斷連鎖信會帶來厄運。以下舉例兩個模型來的說明數學：八球模型和二聯系統。

(一)八球模型(Eightball model)

在八球模型中，每名會員必須招攬二名新會員，而每名新會員又必須招攬了另外二名新會員，如此類推。會員人數為 1＋2＋4＋8＋16＋ …，每層呈等比式增

長，如圖 1 所示。招募者招募了 3 層下線才會得到佣金。假設每招募一人佣金為 $1,000，在第 0 級的 A 招募了 2 人(第 1 級下線)，這 2 人招募了 4 人(第 2 級下線)，而這 4 人招募了 8 人(第 3 級下線)，則 A 獲得來自第 3 級下線 8 人的佣金$8,000。如果第 4 級招了 16 人，在第 2 級的 2 人將分別獲得$8,000。但是，如果第 5 級沒有招到人，那麼第 3 至第 4 級的會員都沒有佣金。

　　此商業模式利用助人成功的人性來驅動招攬新會員，只要招募少數人便有機會獲得高額佣金。如果公司不提供和會費等值的產品或服務，在許多國家是非法的。

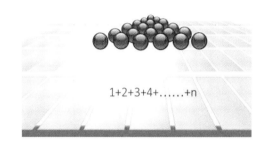

圖 1 等差級數增長

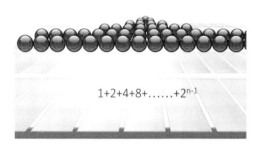

圖 2 八球模型等比級數增長

(二)傳銷為什麼不好?

　　標榜「快速輕鬆致富」的傳銷並無對應的商品。會員付費並不會收到等值的產品或服務，會費只有一小部分回饋給繳費者。為了合法，傳銷往往銷售價值膨風，幾乎零成本的商品，例如，「賣給」新會員 60 本電子書，每本售價$40，表面上它提供了原價$2,400 的商品，還降價為$1,000。

　　金字塔式銷售將導致大部分後加入者賠錢。八球模型中，底層的三層總是賠錢。假設共有 N 層下線，第 N 層下線有 2N 人，第 N-1 層下線有 2N-1 人，以此類推。可以計算出，賠錢人數是所有參與人數的 87.5%(圖 3)

$$
\begin{aligned}
\text{賠錢人數} \quad &= 2^N + 2^{N-1} + 2^{N-2} \\
\text{總人數} \quad &= 2^N + 2^{N-1} + 2^{N-2} + \ldots + 2^2 + 2^1 + 1 = 2^{N+1} - 1 \\
\text{賠錢人數 / 總人數} \quad & \\
&= (2^N + 2^{N-1} + 2^{N-2}) / (2^{N+1} - 1) \\
&\sim (2^N + 2^{N-1} + 2^{N-2}) / (2^{N+1}) \\
&\sim 2^{N-2} \cdot [(2^2 + 2 + 1) / 2^3] \\
&= 7/8 = 87.5\%
\end{aligned}
$$

圖 3 八球模型賠錢人數

(三)二聯系統(2-Up System)

　　在二聯系統中，你招收的第 1 級下線的前二人他們的「銷售收入」歸給招你的上線。如果第 1 級下線招了三人以上，第三人起和他的前二位下線的銷售收入才歸給你，如圖 4 所示。A 代表自己，半圓圈代表歸給自己的銷售。如果你招的第三人(第 1 級下線)招了兩人(第 2 級下線)，而這兩個新兵也各自招募了人(第 3 級下線)，每一招募獎金為$1,000，那麼你得到$7,000 佣金。如果第 3 級下線招募了下一級的新兵(第 4 級下線)，那麼你的佣金為$15,000。

　　二聯系統非常受歡迎，因為第三人起才有佣金的制度更加激勵會員追求績效。此外，佣金近乎等比倍增。如果第 4 級下線招募了第 5 級下線，佣金成長為

(25 - 1)* $1,000　=　$31,000。

　　八球模型的佣金則來自第 3 級下線(≧8 人～$8,000)；第 1 級下線佣金來自第 4 級下線(每人≧16/2 人～$8,000)；第 2 級下線佣金來自第 5 級下線(每人≧32/4 人～$8,000)。

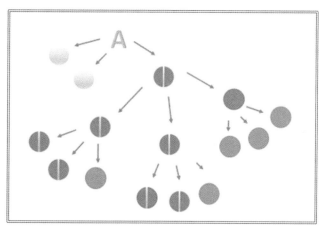

圖4　二聯系統

(四)二聯系統的問題

　　二聯系統每一層比上一層大三倍。第 N 層下線人數是 3N。如果產品費用(會費)不如產品價值，很快就沒人願意購買。底層賠錢者約是 2/3 總人數，如圖 5 所示！金字塔崩塌時，賠錢者比例雖低於八球系統，但是每位賠錢者賠了引進三個新兵的廣告成本。

$$\text{賠錢人數} \quad = 3^N$$

$$\text{總人數} \quad = 3^N + (3^{N-1} + \dots + 3^2 + 3 + 1) = 3^N + (3^N-1)/2$$

$$\text{賠錢人數／總人數}$$

$$= 3^N / [\, 3^N + (3^N - 1)/2 \,]$$

$$\sim 2 \cdot 3^N / [\, 2 \cdot 3^N + (3^N - 1)\,]$$

$$\sim 2 \cdot 3^N / [\, 3 \cdot 3^N \,]$$

$$= 2/3 = 66.7\%$$

圖 5　二聯系統賠錢人數

肆、個案討論

一、歷史

　　當學生問及一個有歷史的多層次營銷公司，合法且具有道德形象，應該直接告訴學生不要加入傳銷嗎？馬上就從負面的角度回答，意味著這個行業的所有企業都是不好的。因為該行業有些公司有問題，就預判此行業所有企業公司，是值得商榷的。教育應先評估該營銷的複雜性與合法性 [3]。

　　立即負面的角度也錯失幫助學生區分合法傳銷的機會。應期望學生根據具體情況逐案評估。儘管有些銷售不道德，重點是要教學生應對問題，使其有能力做出決定。學生必須學會比「他們是騙子」更複雜的判斷。

　　傳銷是個有經濟和商業功能的行業。通過傳直銷，顧客可以不使用傳統廣告或零售分銷就得到資訊。廣告傳達的內容很有限。某些複雜產品使用傳統分銷管道營銷可能有困難。

　　由於直銷的溝通能力強大，因此創新的產品似乎最受益於這種營銷方式。例如，家用淨水過濾裝置主要是通過直銷販售。在雜貨店裡，不太可能購買到淨水器水龍頭的附件或查看濾水的顆粒。直銷到府演示使用方式、解說、並回答問題。新創產品推出往往是透過直銷。

　　現代多層次直銷可以追溯到 1941 年紐崔萊公司(Nutrilite) [4,5]。紐崔萊創始人 Carl Rehnborg 卡爾•仁伯博士認為補充營養很重要。雖然今日醫學專家同意，大眾也知道要補充維他命礦物質，但是在他的時代這是有爭議的。卡爾•仁伯於 1930 年代研製出世界上第一個維生素營養補充品。1920 年代他於中國工作時遭囚禁，在飢餓中實驗性將骨粉等物質加入食物中。仁伯認為天然製成的營養優於合成的，

於 1938 年開辦加州維生素公司(California Vitamin Company)出售天然營養品。他發現，天然營養品需要傳達很多的資訊，才能和便宜人工合成替代品競爭，而最有效教育消費者的方式是通過直銷。再者，招攬補足銷售人員的最佳方式是讓現有銷售人員招募新人。這就是今天所知的傳銷。紐崔萊公司來自一位創新的科學家和企業家，沒有生出不道德的老鼠會。

　　1945 年仁伯推出了多層次傳銷來推廣維生素，1950 年公司改名作紐崔萊。安麗於 1972 年買了紐崔萊的股權，並於 1994 年取得了控制權。

　　因此，關於傳銷，必須按個別情況進行評估，老師的任務是幫助學生區分道德的直銷和快速致富詐騙或非法傳銷。

二、道德問題

　　合法的多層次營銷確實提供商品或服務，也訂定明確的佣金規則。爭議點是因為他們類似非法傳銷，重視招攬低層次的銷售人員勝於實際銷售。

　　上帝恩賜給我們的能力，不僅僅是為了我們自己的增益 "He also intends for us to use all of our abilities on behalf of others, not solely for our own gain." (使徒行傳 20：35)。給予，是一般的道德原則。反面是「貪婪」，專注於獲取。給予也應該體現在我們所選擇的職業中，我們力求透過工作給予別人，回饋社會。而雇主理應付給勞動酬勞。 "Stay there, eating and drinking whatever they give you, for the worker deserves his wages. Do not move around from house to house." (路加福音 10：7)

　　根據一項對 350 間多層次營銷公司的研究，90%以上的會員短短幾年內終究會離開。另外，99%參與傳銷者以虧損告終 [6,7]。看果子就可以知道樹。 "You can know a tree by its fruit." (馬太福音 12：33)。幾所不欲，勿施於人。人飢己飢，人溺己溺。以此角度來看，傳銷是一個低於理想的商業模式。

三、判斷準則

　　學界很少研究傳直銷。有一些論文專注於法律的細微差別 [8]，廣泛的道德的問題則是難以敘述。

　　Vander Nat and Keep (2002)建構了數學模型來區分合法傳銷和老鼠會 [9]。然而，只有聰明人願意揣摩複雜的數學。簡單的判斷準則有助於解釋營銷，分辨那些是合法道德的，那些不是。

那麼究竟如何區別合法營銷？營銷教育專家提出一些準則(圖 6)。

(一) 問題 1：如何賺錢？

　　合法的傳銷公司對銷售產品或服務的人員支付報酬，而不只為招募人。這是區別非法傳銷的主要原則。合法商業的必要條件是要有正當市場。

　　許多傳銷招募說服人參與，不是為了銷售產品或服務，只是為了賺錢，將錢從某人口袋移動至他人口袋。在美國，合法的傳銷是：假設 A 簽約支付$100，得到一些產品，A 的上線不能收佣金；只有在 A 將產品移動(賣給)給他人時，上線才能收取佣金。這是最乾淨的傳銷情況。

　　在現實的世界裡，事情不總是乾淨道德的。金字塔式行銷也許非法，但並不像老鼠會那麼壞。反之，有許多合法甚至是備受推崇的營銷其實也在灰色地帶。

　　庫存造成灰色地帶。美國聯邦貿易委員會在 1979 年審查安麗(93 F.T.C. 618)，裁決安麗不違法的原因是：安麗要求經銷商當月必須售出當月購入的 70%庫存。贊助商(上線)賺錢是因為經銷商(下線)銷售出庫存，而非因為贊助商(上線)招募了經銷商(下線)。此規定也讓經銷商不會購買過多庫存。

　　安麗的判例是：商品銷售賣給非經銷商者須達 70%以上才是合法的傳銷。大部分傳銷公司賣給非經銷商的比率遠不及此。

　　安麗另一不違法的原因是：它有商品回購政策。直銷道德法(Direct Selling Association's Code of Ethics)規定經銷商和公司關係終止時，公司必須以合理價格買回商品。

　　若考慮從事直銷，首先應看的是，如果公司賺錢是因為招聘會員，那麼應該完全避免。此外，鼓勵購買過多庫存的公司可能是不道德的。學生也應該檢視公司的回購政策。

(二) 問題 2：商品是否合法？

　　Koscot 測試是經典的傳銷測試，因 Koscot 對 FTC 美國聯邦貿易委員會訴訟(1975)而得名。該測試規則是，必須根據最終銷售客戶來決定商品銷售是否為非法傳銷。

　　學生應該問：商品是否合法？價格是否過高？買入者能夠因購買商品而受益嗎？還是會為了抽成再賣給親朋好友？

　　許多傳銷者購買商品，然後賣給願意支援創業的親友。商品超高價，實際上也沒人需要，如果不是為了賺錢的前景沒人會買。事實上他們心裡說的是，「你先讓我們剝光你的錢，然後我們會幫你剝光別人的錢」。Koscot 測試就是檢視是

否有銷售商品、銷售是否道德。

（三）問題 3：成本是多少？

　　要考慮的成本之一是購買庫存：不道德的企業鼓勵購買庫存，想盡可能地多售出商品給新入。

　　另一個成本是培訓費用。一些公司收取培訓活動和材料費。培訓研討可以激發學生像商人般思考那些是有價值的，而有價值的資訊往往必須付費才能獲得。學生必須評估培訓的價值。反之，員工若希望雇主來支付訓練費用也是合理的。

（四）問題 4：要做多少工作？

　　在招募說明會上，某位基督徒承諾工作輕鬆，還可以快速致富。大家聽了都很興奮，並得出結論：說這話的人是可信的。「爸爸媽媽都錯了。我可以不勞而獲。他們只是沒有發現這種千載難逢的機會。」大學生沒錢沒時間，往往會找尋不太花時間的賺錢方法，也容易上當。

　　直銷若真有高利潤，即使需要辛勤工作和長久時間來打造獲利，業務也會持續下去。如果招募說賺錢輕鬆，它應是危險的。

（五）問題 5：公司歷史如何？

　　學生應該問：「直銷公司成立多久了？」有人說新的就是好的，這是「一樓機會」的迷思。如果你在安麗第一年開始時就加入，是可能早就發財了。但是，有很多賺錢的人不在底樓。如果賺錢秘密很簡單，就是「早起」，那麼為什麼成千上萬在底樓的人並未發財？

　　如果一個直銷公司是好公司，那麼員工不論參與時間早晚都應該有致富機會。道德思考：誰需要成功機會更小的人幫我掙錢？高品質的工作可降低達到成功所需之時間和人力。招募比自己成功機會更小的人是聰明的嗎？

　　在美國，每年都有數以百計的直銷公司成立，但成功者很少。直銷需要時間建立業務。除了考量「一樓機會」之外，如果企業有良好的產品，堅實的領導團隊等，那麼它可能是個好機會；即使風險高，或許有潛在的高回報。

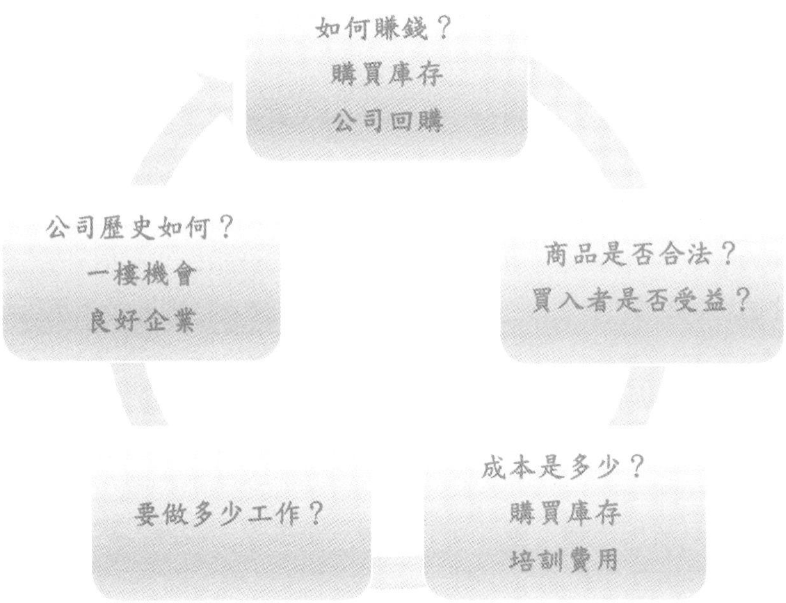

圖 6 區別合法營銷準則

四、法律問題

　　多層次傳銷在美國和大部分歐洲國家受到嚴格規範。某些地區以不干預商業運作為由不立法監管。某些地區透過公平交易法規來監管。傳銷所依靠的是參與者的社會資源和社交聯繫。傳銷組織向新來者灌輸「成功學」，動員和灌輸的方式類似於狂熱的宗教儀式，包括高呼口號、呼喊組織者名字等。

(一)中國

　　金字塔式銷售，香港稱之為「層壓式推銷」，受到香港法例第 617 章《禁止層壓式推銷法條例》禁止，但多層次傳銷未被禁止。為了推動直銷業的專業性和從業員的操守，業界成立香港直銷協會，目前有數間傳銷公司為會員。

　　在中華人民共和國，可以「直銷」，不得「傳銷」！所有多層次傳銷與金字塔式銷售統稱為傳銷，都屬於經濟犯罪。根據《中華人民共和國傳銷法》，下列行為屬於傳銷行為 [10] ：

1. 組織者或者經營者通過發展人員，要求被發展人員發展其他人員加入，對發展的人員以其直接或者間接滾動發展的人員數量為依據計算和給付報酬(包括物質獎勵和其他經濟利益，下同)，牟取非法利益的；

2. 組織者或者經營者通過發展人員，要求被發展人員交納費用或者以認購商品等方式變相交納費用，取得加入或者發展其他人員加入的資格，牟取非法利益的；

3. 組織者或者經營者通過發展人員，要求被發展人員發展其他人員加入，形成上下線關係，並以下線的銷售業績為依據計算和給付上線報酬，牟取非法利益的。

　　2016 年央視法治節目 [11] 宣導說：只要是組織一人群構成一金字塔型層級結構，其中有任何一人以上的收入計算基礎在於發展下線及下線衍生之下線的人數多寡，即是非法傳銷。有實體產品服務，名為服務費、會員費等等巧門皆不予接受作為無罪辯護。且較高層級的會員，會被定為積極參與份子，一併被視同創始人共犯起訴。

(二)美國

　　美國為多層次傳銷立法，也有反金字塔行銷(老鼠會)法，是保護消費者的基本法規。基本上，如果行銷參與者可以因招募下線經銷商而抽成，它就是多層次行銷。如果只是因招募下線就抽成，實質上鮮少販售商品或服務，它就是老鼠會。

　　美國聯邦貿易委員會(FTC)建議詢問贊助商分銷商以下問題。他們的回答可以幫助檢測一下，公司是否是非法。

1. 招了多少人？
2. 業務有多久了？
3. 去年花多少時間在公司？
4. 去年賺了多少錢，也就是收入和獎金減去開支？
5. 去年開支多少，包括訓練和購買產品的花費？
6. 多大比例的銷售是經銷商做的？
7. 多少比例的產品銷售給經銷商？
8. 全年銷售的產品總數？
9. 獲利有多少比例是因為招募其他分銷商和銷售存貨？

　　還有，經銷商在賺錢之前需要多長時間？下線有多大才能賺錢？非法傳銷的特徵是，產品多銷售給下線經銷商而不是公眾，獲利來自於招募而非銷售。

　　FTC 特別說明，當你招募新的經銷商，你有責任為所說的話負責。如果你的承諾落空，即使你只是覆誦公司或其他經銷商的宣傳話語，也可能會被追究法律責任 [12]。

(三)伊斯蘭法

在穆斯林世界，政教合一的國家(Theocracy/Ecclesiocracy)完全施行「真主的法律」沙里亞 Sharee'ah / Sharia，包括沙烏地阿拉伯、伊朗、葉門、蘇丹、阿富汗、阿拉伯聯合大公國(阿聯酋)、巴基斯坦、毛里塔尼亞。政教分離的國家在涉及婚姻、遺產繼承等個人和家庭事務方面施行沙里亞。多層次傳銷也許不違法，但屬於伊斯蘭的不合法罪行 Haram。

沙烏地阿拉伯的伊斯蘭學術研究與法規常委會(The Standing Committee for Academic Research and Issuing Fatwas)在金字塔式傳銷一案 Fatwa no. 22935 中裁決如下 [13]：

它涉及兩種類型的 Riba(重利、不匹配的加價)i：一是 Riba al-fadl(涉及相同類型但不同數量的產品的交換，如高利貸或商貿活動衍生的不公平、剝削性的利益)，另一是 Riba al-nasi'ah (涉及延期付款)。傳銷參與者先支付會費，期望未來獲利，也就是以小量現金獲得大量金錢並且延遲付款。產品銷售僅僅是交易的障眼，並非參與者尋求的目的。

1. 它是教法所禁止的一種 Gharar(欺瞞、危險、不確定的事務)，因為參與者不知道他是否會找到足夠買家。傳銷無論持續多久，必然終結。而加入傳銷時，參與者不知道是否會獲利，或虧損。事實是，除了頂部的少數人，多數人都會虧損。所以，這是欺瞞不確定的交易，而它可能的結果通常是可怕的那一個。先知聖訓禁止曖昧的交易。

2. 它涉及非法侵佔財富，因為它的獲利規則除了對發起者和高層鼓動者有好處，對誰都沒有好處。這是真主在古蘭經所說的禁止不義之財。

3. 傳銷涉及作弊、欺騙、引誘人，產品好像是交易的目的，實情並非如此；它是以平常賺不到的大型佣金引誘人，是教法禁止的那種欺騙。布哈里聖訓 Saheeh al-Bukhari [14,15] 裡先知說：「誰欺騙我們，就不是我們的夥伴。」「買賣雙方只要未分開，都有自由權。倘若他們在買賣時說實話，不隱瞞交易物的缺陷，則安拉必在他們的買賣中賜福；倘若他們隱瞞作假，則買賣中的吉祥定會失掉。」

把傳銷視為一種仲介是不正確的。仲介經紀人銷售產品後收到酬勞；而傳銷者行銷產品前付出費用。仲介營銷真正有意義的產品；傳銷真正目的是市場的交易，而不是產品。傳銷參與者將產品賣給會推銷產品給別人的人的人的人……，仲介經紀人將產品賣給真正需要產品的人。兩者之間的區別很清楚(圖 7)。

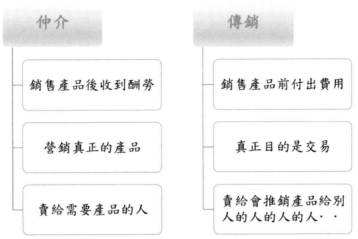

圖 7 伊斯蘭法裁決

關於傳銷交易是一種禮物的觀點，也不正確。即使接受這一點，根據伊斯蘭教法 Sharee'ah，不是所有禮物都是許可的。送禮以換取貸款是 Riba。因此，Abd-Allaah ibn Salaam 對 Abu Burdah 說：「你在一個重利猖行之地，如果某人欠你債務的話，若他送你一擔草料或大麥或者苜蓿，你千萬別要，因為這就是 Riba。」(布哈里聖訓 3814)

禮物的裁決視送禮的原因而定。使者委派一人去收天課 Zakaat / Zakat[ii]。當此人收完後拿著天課來見使者時說：「這些是天課，那些是人家送給我的。」使者聽後說：「為什麼他不待在他父親或母親的房子裡，看看是否還會有人給他送禮？！」(布哈里聖訓 6636)[iii]

傳銷的佣金來自於加盟營銷計劃，不管被賦予什麼樣的名字，無論他們是所謂的禮品或其他東西。它們的性質或裁決並沒有絲毫改變。值得一提的是，市場上有些傳銷的做法儘管可能有所不同，對它們裁決與上述無所不同。

(四)台灣

在中華民國，多層次傳銷是許可的商業行為，為大型直銷業者採用，也被主管機關(行政院公平交易委員會)定位為「多層次傳銷事業」，受到《多層次傳銷管理辦法》約束。俗稱「老鼠會」的金字塔式銷售則為法律所不容。

《多層次傳銷管理辦法》於民國 103 年提升至法律位階，由《多層次傳銷管理法》取代 [16,17]。《多層次傳銷管理法》第 17 條要求(財務報表之揭露)。第 18 條(變質多層次傳銷之禁止)規定：多層次傳銷事業，應使其傳銷商之收入來源以合理市價推廣、銷售商品或服務為主，不得以介紹他人加入為主要收入來源。這也

就是俗稱的「老鼠會」條款。

　　關於經銷商所付出之成本，美國的判例也是各國法律規範的參考基準[iv]。第 19 條(禁止行為)規定培訓費用：多層次傳銷事業不得以訓練或其他名義要求傳銷商繳納與成本不相當之費用。第 21 條規定商品回購政策：多層次傳銷事業應於契約終止生效後三十日內，接受傳銷商退貨之申請，並以傳銷商原購價格百分之九十買回傳銷商所持有之商品。第 22 條規定：多層次傳銷事業不得向傳銷商請求因該契約解除或終止所受之損害賠償或違約金。

　　第 6 條規定：多層次傳銷事業於開始實施多層次傳銷行為前，應向主管機關報備。需注意的是，報備獲准並不代表其一切行為即為合法。之前，公平交易委員會只以傳銷公司為處分的對象，即使有傳銷商涉案深，亦只是在移送法辦時併請檢察機關偵辦相關刑事責任，而不援引公平交易法規定予以處分。公平會自 2002 年已開始將傳銷商納入處罰的範圍 [18]。

　　已報備的傳銷企業在公平交易委員會網站可查詢到，目前約有 300 家公司在名單中。

伍、結論

　　傳銷存在著許多道德和法律問題 如果學生真的考慮傳銷事業，老師家長應該如何勸告？在「他們都是騙子」之外，應該有識別和評估問題的過程。透過現實生活中的例子，例如這樣的情況你認為如何，教導學生評估法律道德層面，成功避開營銷的道德雷區。

一、　學生必須有比「他們是騙子」更複雜的判斷。

二、　合法商業的必要條件是要有正當市場。

三、　非法傳銷重視招攬低層次的銷售人員勝於實際銷售。

四、　商品銷售賣給非經銷商者(大眾)須達 70%以上才是合法的傳銷(美國判例)。

五、　公司必須有商品回購政策，經銷商和公司關係終止時，以合理價格買回商品(多層次傳銷管理法第 21 條)。

六、　必須根據最終銷售客戶因購買商品是否受益來決定是否為非法傳銷(美國判例)。

七、　培訓活動和材料費是否太多(多層次傳銷管理法第 19 條)。

八、　如果參與者因招募下線經銷商而抽成，它就是多層次行銷。如果因招募下線就能抽成而鮮少實質販售，它就是老鼠會(多層次傳銷管理法第 18 條)。

　　同時，老師也必須反映此一觀點：傳銷是一個低於理想的商業模式。即使是

AO 也被戲稱為 Wrong Way。輿論批評，TO 公司是 AO 經銷商自立的系統，但是它像邪教般讓人拿著火炬遊行，還教人邀請顧客到家裡一對一見面，威脅顧客，作勢要打他的頭，迫使顧客只好拿起產品防衛，直到買下「用過的」產品^v [19, 20, 21]。AO 顯然很清楚 TO 的行徑，卻表示他們完全沒問題。另外，AO 某些經銷商系統，在推動業務時卻從來不提 AO 的名字。傳銷商躲著贊助商，也讓親朋好友也遠遠地躲著自己。

　　使者說：「兩種人是值得羨慕的。一種人，安拉賜于他財富，他就把財富全用於正途；另一種人，安拉賜其知識，他憑知識進行判斷，並把知識傳授於他人。」(布哈里聖訓 1409)

---

i　里巴 Riba、高利貸 Usury、利息 Interest 之間的差異討論見：
http://www.paklink.biz/articles/interest-riba2.html。

ii　天課是穆斯林五功之一，安拉的命令，令豐衣足食的穆民把其每年盈餘財富的一部份用作幫助貧民和有需要的人。在每年底之前抽收。

iii　艾布•侯邁德傳述：使者委派艾茲德部族的一位名叫伊本•吳特比耶的人去收天課。當此人收完後拿著天課來見使者時說：「這些是天課，那些是人家送給我的。」使者聽後說：「為什麼他不待在他父親或母親的房子裡，看看是否還會有人給他送禮？！」傍晚，使者在禮拜後站起來念了見證詞，讚美了安拉，而後說：「公務員怎麼了？我們委派他去收天課，他回來後對我們說：『這些是天課，那些是人家送給我的。為什麼他不待在他父親或母親的房子裡，看看是否還會有人給他送禮？！以掌握穆罕默德生命的主發誓，任何人，只要從天課中非法拿去任何東西，那麼到末日，此物必套在他的脖子上。如果此物是駱駝，它將會持續地叫；如果此物是牛，它將會持續地叫；如果此物是羊，它也將會持續地叫。』」然後，使者抬起雙手，說道：「主啊！我傳達了嗎？」我們還看見了他腋下的白皮膚。

iv　在英美普通法體系下，判例 Precedent，即判決先例，是根據先前的法律案件而建立起的法律原則規範。法官在面對類似的法律案件或事實時，必須尊重上級法院已經形成的判決先例，作出類似判決。

v　那位不太熟的傳銷商朋友邀請你見面，不先說目的，見面後你才會恍然大悟。

陸、參考資料

1. Multilevel Marketing Primer–The MLM Startup
   http://www.mlmlaw.com/law-library/guides-reference/multilevel-marketing-primer

2. The Mathematics of a Pyramid Scheme - The Scam Explained
   http://www.mathmotivation.com/money/pyramid-scheme.html

3. Ethical Issues in Multilevel Marketing: Is It a Legitimate Business or Just Another Pyramid Scheme? Marketing Education Review, Volume 14, Number 3 (Fall 2004)
   https://www.ftc.gov/system/files/documents/public_comments/2006/07/522418-05979.pdf

4. Poe, Richard (1994), Wave 3:The New Era in Network Marketing, New York:Prima

5. Biggart, N.W. (1990), Charismatic Capitalism:Direct Selling Organizations in America, Chicago: University of Chicago Press

6. What does the Bible say about MLM (multi-level marketing)?
   http://www.gotquestions.org/multi-level-marketing.html

7. Welcome to the premier website for persons investigating MLM.
   http://mlm-thetruth.com

8. Barkaes, C.B. (1997), "Multilevel Marketing and Antifraud Statutes: Legal Enterprises or Pyramid Schemes?" Journal of the Academy of Marketing Science, 25 (2), 176-177

9. Vander Nat, P.J. and W. W. Keep (2002), "Marketing Fraud: An Approach for Differentiating Multilevel Marketing from Pyramid Schemes," Journal of Public Policy and Marketing, 21 (1), 139-151
   http://journals.ama.org/doi/abs/10.1509/jppm.21.1.139.17603

10. 中華人民共和國傳銷法
    http://www.baike.com/wiki/%E4%B8%AD%E5%8D%8E%E4%BA%BA%E6%B0%91%E5%85%B1%E5%92%8C%E5%9B%BD%E4%BC%A0%E9%94%80%E6%B3%95

11. 《今日說法》20160506 三圓雲商神話泡影
    http://tv.cctv.com/2016/05/06/VIDEAXmP77l8HNQ2LIOfiKVa160506.shtml

12. https://www.ftc.gov/tips-advice/business-center/guidance/multilevel-marketing

13. Islam Questions and Answers. https://islamqa.info/en/42579

14. 布哈里聖訓實錄中文譯本
    http://www.islam.org.hk/Bukhari_Online/bukhari_online_tc.aspx

15. http://sunnah.com/search/?q=riba

16. 公平交易委員會官方網站＞多層次傳銷管理法
    http://www.ftc.gov.tw/internet/main/doc/docDetail.aspx?uid=255&docid=13383

17. 公平交易委員會官方網站＞多層次傳銷＞重要訊息
    http://www.ftc.gov.tw/internet/main/doc/docList.as px?uid=1169

18. 多層次傳銷管理法中對於傳銷商的相關規範
    http://www.ftc.gov.tw/internet/main/doc/docDetail.aspx?uid=61&docid=726

19. Amway: 5 Realities Of The Multi-Billion-Dollar Scam
    http://www.cracked.com/personal-experiences-1620-amway-5-realities-multi-billio
    n-dollar-scam.html

20. http://www.amquix.info/tosp/latest.html

21. Ban on Film Has Poland Debating Censorship
    http://www.nytimes.com/1998/06/14/world/ban-on-film-has-poland-debating-cens
    orship.html?pagewanted=1&_r=0

國家圖書館出版品預行編目(CIP)資料

臺灣產業個案論文集(二) / 國立臺灣科技大學
教學資源中心主編 . -- 初版. -- 臺北市：臺
灣科大，2016.12
　　面；　　公分

　ISBN　978-986-05-0894-9（平裝）

1.個案教學　2.管理實務　3.創新策略

555.933　　　　　　　　　　　105022178

臺灣產業個案論文集(二) 定價：新台幣 270 元

發 行 人：廖慶榮
主　　 編：教學資源中心
編輯小組：賴坤財、鄭弘緯
封面設計：許芝瑜
出 版 者：國立臺灣科技大學
地　　 址：臺北市大安區基隆路四段 43 號
電　　 話：(02)2733-3141
網　　 址：www.ntust.edu.tw

經 銷 商：前程文化事業有限公司
地　　 址：新北市三重區重新路五段 609 巷 4 號 8 樓之 8
電　　 話：(02)2995-6488（代表號）
傳　　 真：(02)2995-6482
網　　 址：www.fcmc.com.tw
讀者服務：service@mail.fcmc.com.tw
郵政劃撥：19899178 前程文化事業有限公司
法律顧問：達文西個資暨高科技法律事務所　葉奇鑫律師
ISBN：978-986-05-0894-9
GPN：1010502656
西元 2016 年 12 月初版